21世纪立体化中等职业学校规划教材·财经系列



# 新编会计基础

于　坤　主　编

董志刚　潘　凯
唱　哲　包相贵　王　刚　副主编

電子工業出版社
Publishing House of Electronics Industry
北京·BEIJING

## 内 容 简 介

本教材是新编会计基础系列教材之一，是按照中职教育的特点，为了适应市场经济的发展和新会计准则对会计教材更新换代的需求编写的。在编写过程中，以会计理论知识为依据，突出实务技能操作。本教材分为认知会计、会计要素与会计等式、会计科目与账户、会计记账方法、主要经济业务的核算、会计凭证、会计账簿、账务处理程序、财产清查、财务报表10个模块。在编写过程中，考虑到学生专业技能的培养和方便教师教学的特点，在各模块中都安排了丰富的教学例题及小思考、知识链接等，每一模块后都配有课后训练，题型多样，紧密联系实际，便于操作，力求做到学中做，做中学。

本教材既可作为中职学校会计专业课程的教材，也可作为会计实务工作者的培训参考用书，还可以作为其他相关专业的辅助用书。



**图书在版编目（CIP）数据**

新编会计基础／于坤主编．—北京：电子工业出版社，2014.12
21世纪立体化中等职业学校规划教材．财经系列
ISBN 978-7-121-25117-7

Ⅰ.①新…　Ⅱ.①于…　Ⅲ.①会计学－中等专业学校－教材　Ⅳ.①F230

中国版本图书馆CIP数据核字（2014）第294361号

策划编辑：陈　虹　张思博
责任编辑：陈　虹　　　　特约编辑：胡伟卷　苗丽敏
印　　刷：北京市李史山胶印厂
装　　订：北京市李史山胶印厂
出版发行：电子工业出版社
　　　　　北京市海淀区万寿路173信箱　　　邮编100036
开　　本：787×1 092　1/16　印张：11　字数：275千字
版　　次：2014年12月第1版
印　　次：2014年12月第1次印刷
印　　数：3 000册　定价：25.00元

凡所购买电子工业出版社图书有缺损问题，请向购买书店调换。若书店售缺，请与本社发行部联系，联系及邮购电话：（010）88254888。
质量投诉请发邮件至zlts@phei.com.cn，盗版侵权举报请发邮件至dbqq@phei.com.cn。
服务热线：（010）88258888。

# 前　言

为了适应我国社会主义市场经济和会计改革及企业财务会计准则的修订，根据职业教育改革和发展的时代任务，为培养高素质劳动者和技术技能人才，根据我国2006年颁布的《企业会计准则》和《企业会计制度》，以及财政部2014年修订的《会计从业资格考试大纲》，我们特组织人员编写了《新编会计基础》一书。

本教材在编写过程中，本着“以能力为本位，以学生为主体，以服务发展、促进就业为导向”的指导思想，力求体现以下特色。

**1. 体系完整，知识创新。**

**2. 深入浅出，通俗易懂。**

**3. 方法齐全，内容丰富。**

**4. 强化操作，注重能力。**

本教材由于坤担任主编，由董志刚、潘凯、唱哲、包相贵、王刚担任副主编。具体编写分工为：模块一由于坤编写，模块二由潘凯编写，模块三由唱哲编写，模块四、模块五由于坤编写，模块六由蒋巍编写，模块七由王刚编写，模块八由包相贵编写，模块九由于坤编写，模块十由蒋远晨编写，最后由于坤统稿。本教材在编写过程中得到了电子工业出版社的大力支持，以及通化市职教中心和通化市技师学院领导的大力支持。在此表示感谢！

由于编者水平有限，加之时间仓促，疏漏之处在所难免，敬请读者批评指正。

编　者

**请注意**：本教材有配套的教学资源，为保证教学秩序，选用此教材的学校，请仔细阅读书后所附教学资源索取表；通过网站和书店零购的读者，请提供购书凭证——发票、购买地点等购书的详细信息索取。

# 目　录

## 模块一

# 认知会计

### 学习目标

了解会计的概念与目标,熟悉会计的职能与方法,掌握会计基本假设与会计基础、会计信息的使用者与质量要求,了解会计准则体系。

### 课前热身

1. 走进企业,了解企业会计的工作内容。
2. 学习有关资料,了解会计的概念。

### 模块认知

王会计,今天发生的业务都做完了吗?我们常听到这样的称呼。小张,你在企业做什么工作?我做出纳工作。那么作为一门学科,到底什么是会计?会计工作包括哪些内容?让我们一起来学习吧!

## 第一节 会计的概念与目标

### 一、会计的概念、基本特征与发展历程

#### (一)会计的概念

会计是以货币为主要计量单位,运用专门的方法,核算和监督一个单位的经济活动的一种经济管理工作。

#### (二)会计的基本特征

① 会计是一种经济管理活动。

② 会计是一个经济信息系统。

③ 会计以货币作为主要计量单位。会计为了从数量上来核算和监督各企业、机关和事业等单位的经济活动的过程,需要运用实物量度(千克、吨、米、台、件等)、劳动量度(劳动日、工时等)和货币量度(元、角、分)3 种计量尺度,但应以货币量度为主,如图 1.1 所示。

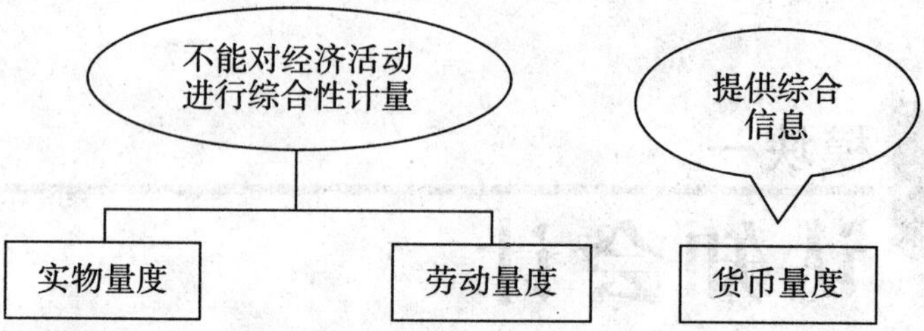


**图 1.1　会计的 3 种计量单位**

④ 会计具有核算和监督的基本职能。

⑤ 会计采用一系列专门的方法。

### （三）会计的发展历程

会计随着人类社会生产的发展和经济管理的需要而产生、发展,并不断得到完善。其中,会计的发展可划分为古代会计、近代会计和现代会计 3 个阶段,如图 1.2 所示。

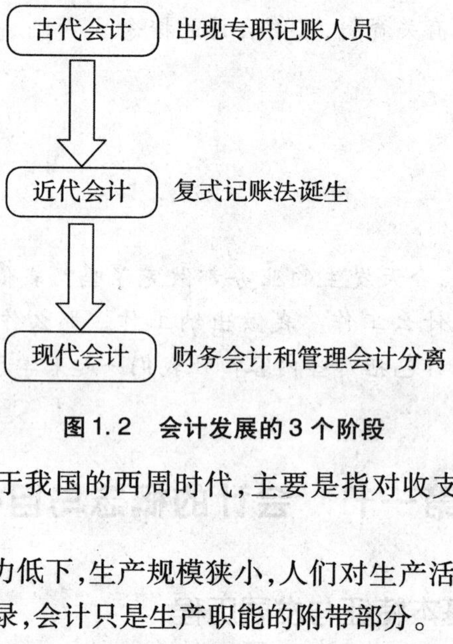


**图 1.2　会计发展的 3 个阶段**

“会计”一词,大约产生于我国的西周时代,主要是指对收支的计算、记录,也有考核的意思。

在原始社会,由于生产力低下,生产规模狭小,人们对生产活动用“结绳记事”、“刻木记数”或凭头脑记忆来进行记录,会计只是生产职能的附带部分。

随着生产力的发展,生产过程日趋复杂,剩余产品逐渐增多,会计就逐渐地从生产职能中分离出来,成为独立的、有特定职能的管理活动。由于商品经济的发展,货币的产生,商品交换通过中介物——货币进行之后,会计也就逐渐地用货币作为主要计量单位来反映和监督各项经济活动了。随着社会的进步,它对经济活动的反映和监督的范围、程度和质量,也逐渐地扩大、加深、提高。

社会主义市场经济的发展,把企业推向了市场,企业不仅需要会计及时准确地反映资产、负债和所有者权益的情况,而且需要通过会计数据的分析比较,考核经济效益,选择最佳决策方案,预测经济前景,以满足企业管理者、投资人和债权人的需要。

综上所述,可见会计是在社会生产实践中产生的,是随着社会生产发展和经济管理需要而不断发展的。经济越发展,会计越重要。

## 二、会计对象与会计目标

### （一）会计对象

会计对象是指会计核算和监督的内容，具体是指社会再生产过程中能以货币表现的经济活动，即资金运动或价值运动。

企业的各项经济活动都与会计工作相关，但相关的内容并不都是会计工作的内容。通常，凡是特定对象中能够以货币表现的经济活动，都是会计对象。换言之，特定对象中发生的经济活动只有确定为会计对象，会计人员才能根据专门的会计方法进行处理。例如，企业行政管理部门用现金购买办公用品，毫无疑问这项经济活动可以用货币来加以表现，所以这项经济活动就是会计对象。

**小思考**

企业计划实现利润 50 万元，是会计核算的对象吗？

### （二）会计目标

会计目标，也称会计目的，是要求会计工作完成的任务或达到的标准，即向财务会计报告使用者提供与企业财务状况、经营成果和现金流量等有关的会计信息，反映企业管理层受托责任的履行情况，有助于财务会计报告使用者做出经济决策。

# 第二节　会计的职能与方法

## 一、会计的职能

会计的职能是指会计在经济管理过程中所具有的功能。会计具有会计核算和会计监督两项基本职能和预测经济前景、参与经济决策、评价经营业绩等拓展职能，如图 1.3 所示。

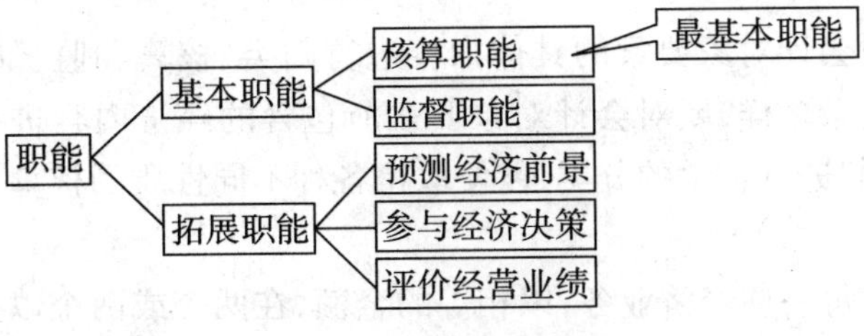


图 1.3　会计的职能

### （一）基本职能

1. 会计核算职能

会计核算职能，又称会计反映职能。会计核算是会计首要、最基本的职能。它以货币为主要计量单位，通过确认、记录、计量和报告等环节，将特定主体的经济活动进行记账、算账、报账,为各有关方面提供会计信息的功能。

2. 会计监督职能

会计监督职能,又称会计控制职能,是指对特定主体经济活动和相关会计核算的真实性、合法性和合理性进行监督检查。会计监督是一个过程,分为事前监督、事中监督和事后监督。

会计核算和会计监督这两项的职能关系十分密切,二者是相辅相成、辩证统一的关系。会计核算是会计监督的基础,没有核算所提供的信息,监督就失去了依据;而会计监督又是会计核算质量的保障,只有核算,没有监督,就难以保证核算所提供信息的真实性、可靠性。

### (二) 拓展职能

会计的拓展职能主要有预测经济前景、参与经济决策、评价经营业绩。

## 二、会计核算方法

会计的方法是履行会计的职能,完成会计任务,实现会计目标的方式,是会计管理的手段。

会计的方法包括会计核算方法、会计分析方法、会计检查方法。会计核算是会计的基本环节,会计分析是会计核算的继续和发展,会计检查是对会计核算的必要补充。

会计核算方法是指对会计对象进行连续、系统、全面、综合的确认、计量和报告所采用的各种方法。

### (一) 会计核算方法体系

会计核算方法体系由填制和审核会计凭证、设置会计科目和账户、复式记账、登记会计账簿、成本计算、财产清查、编制财务会计报告等专门方法构成。它们相互联系、紧密结合,确保会计工作有序进行。

1. 填制和审核会计凭证

会计凭证是记录经济业务、明确经济责任的书面证明,是登记账簿的依据。对每一项经济业务,都要取得或填制会计凭证,并加以审核,作为登记账簿的依据。

2. 设置账户

设置账户是指对会计对象要素的具体内容进行归类、核算和监督的一种专门方法。会计对象要素的内容复杂多样,要对会计对象要素所包含的经济内容进行系统的核算和经常的监督,就需要对它们进行科学的分类,以便取得各种不同性质的核算指标。

3. 复式记账

复式记账是指对每一项经济业务,以相等的金额,在两个或两个以上相互联系的账户中进行登记的一种专门方法。

4. 登记账簿

登记账簿就是在账簿中连续地、完整地、科学地记录和反映经济活动及财务收支的一种方法。登记账簿必须以凭证为依据,利用账户和复式记账的方法,把经济业务分门别类地登记到账簿中去,并定期地进行结账和对账,为编制财务会计报告提供完整而系统的会计数据。

5. 成本计算

成本计算是指按照一定的成本对象，对生产经营过程中所产生的成本、费用进行归集，以确定各对象的总成本和单位成本的一种专门方法。

6. 财产清查

财产清查是指通过盘点实物，核对往来款项，以查明财产实有数的一种专门方法。为了保证会计记录的正确可靠，保证账实相符，必须定期或不定期地对各项财产物资、往来款项进行清查，如发现账实不符，应查明原因，明确责任，调整账面记录，使账存数与实存数一致。

7. 编制财务会计报告

编制财务会计报告是指以书面报告的形式定期、总括地反映生产经营活动的财务状况和经营成果的一种专门方法。财务会计报告主要是根据账簿记录，经过加工整理而产生的一套完整的指标体系。

### （二）会计循环

会计循环是指按照一定的步骤反复运行的会计程序。从会计工作流程看，会计循环由确认、计量和报告等环节组成；从会计核算的具体内容看，会计循环由填制和审核会计凭证、设置会计科目和账户、复式记账、登记账簿、成本计算、财产清查、编制财务会计报告等组成。填制和审核会计凭证是会计核算的起点。

# 第三节　会计基本假设与会计基础

## 一、会计基本假设

会计基本假设是企业会计确认、计量和报告的前提，是对会计核算所处时间、空间环境等所做的合理假定。会计基本假设包括会计主体、持续经营、会计分期和货币计量。

### （一）会计主体

会计主体是指企业会计确认、计量和报告的空间范围，即会计核算和监督的特定单位或组织。

企业进行会计核算时，必须首先明确会计主体，即为谁核算，核算谁的经济业务。为此，《企业会计准则》规定，会计核算应当以企业发生的各项交易或事项为对象，记录和反映企业本身的各项生产经营活动。这就是说，会计核算反映的是一个特定企业的经营活动，既不包括企业所有者本人，也不包括其他企业的经营活动。只有首先提出会计主体这一前提，才能使会计的核算得以明确，才能使企业的财务状况、经营成果和现金流量独立地反映出来。

明确会计主体，也就是明确会计人员处理经济业务的立场。虽然任何经济交易都是买卖两方面的活动，但是会计只记录买或卖一个方面主体的经济活动。例如，一项商品购销业务，甲方是买方，乙方是卖方，按照会计主体的要求，会计人员应站在本企业的立场上处理业务，即甲方的会计应做商品购进的账务处理，而乙方的会计应做商品销售的账务处理。

明确会计主体，不仅可以把会计主体之间的经济关系划分清楚，而且还可以把特定单位投资者及职工个人的财务活动与特定单位的财务活动划分清楚，从而正确地处理好与各方面的经济关系。

会计主体既可以是一个企业,也可以是由若干企业组成的集团公司,还可以是一个企业的分部。会计主体既可以是法人,也可以是不具备法人资格的实体,如独资企业或合伙企业。作为会计主体,必须能够控制经济资源并进行独立核算。

会计主体不同于法律主体,一般而言,法律主体必然是一个会计主体,但是会计主体不一定是法律主体。

### (二) 持续经营

持续经营是指在可以预见的未来,企业将会按当前的规模和状态继续经营下去,不会停业,也不会大规模地削减业务。

这是假定企业在正常情况下,将按既定的经营方针、目标连续经营下去。这一假设为解决会计核算中的财产计价和费用分配问题提供了前提条件。例如,企业固定资产计量应按购建时的历史成本入账,固定资产价值通过提取折旧的形式,在其使用年限内分期转作费用;待摊费用也应按受益期限均衡摊配下去等,都是以持续经营为前提的。

在市场经济条件下,任何企业都存在破产、清算风险。如果可以判断企业不会持续经营,就应改变会计核算的原则和方法,并在企业财务报告中做相应披露。



### (三) 会计分期

会计分期是指将一个企业持续经营的经济活动划分为一个个连续的、长短相同的期间,以便分期结算账目和编制财务会计报告。

我国《企业会计准则》将会计期间分为年度、半年度、季度和月度。年度、半年度和月度的起讫日期采用公历日期,即会计年度与公历年度相同,从 1 月 1 日开始到 12 月 31 日止。半年度、季度和月度均称为会计中期。

会计期间假设是对持续经营假设的必要补充。根据持续经营假设,会计主体是无限期地经营下去,直至停业或破产清算才告结束。但在市场竞争中,企业的决策者为了评价企业的经营情况,必须及时地掌握企业的财务会计报告资料,而绝不能等到企业停止经营活动时再去总结经营成果和财务状况。因此,会计反馈信息的及时性,要求企业会计分期提供会计信息,也就有必要运用会计期间假设。

### (四) 货币计量

货币计量是指会计主体在会计确认、计量和报告时以货币作为计量尺度,反映会计主体的经济活动。

货币计量是指会计核算以货币作为统一的计量尺度,而且假设货币本身的价值稳定不变。会计将货币作为统一的计量单位,这是由货币本身的特性决定的。货币是一种共同的价值尺度,只有货币单位才能把实物单位和劳动单位换算为统一的尺度。因此,会计以货币作为统一的计量单位,以便能连续、系统、全面地记录、汇总和分析企业的生产经营过程和财务成果。这就产生了货币计量这一会计核算的前提。在我国,会计核算应当以人民币作为记账本位币。业务收支以外币为主的企业,也可以选定某种外币作为记账本位币,但向有关方面编送的会计报表应当折算为人民币。

## 二、会计基础

会计基础是指会计确认、计量和报告的基础，包括权责发生制和收付实现制。

### （一）权责发生制

权责发生制，也称应计制或应收应付制，是指收入、费用的确认应当以收入和费用的实际发生作为确认的标准，合理地确认当期损益的一种会计基础。在我国，企业会计核算采用权责发生制。

### （二）收付实现制

收付实现制，也称现金制，是以收到或支付现金作为确认收入和费用的标准，是与权责发生制相对应的一种会计基础。

事业单位会计核算一般采用收付实现制；事业单位部分经济业务或事项，以及部分行业、事业单位的会计核算采用权责发生制核算的，由财政部在相关会计制度中具体规定。

**小思考**

甲公司在2014年11月份销售一批产品，货款10 000元，12月份收到。11月份预收货款20 000元，12月份发出产品。按照权责发生制的要求，11月份和12月份的收入分别是多少？

# 第四节　会计信息的使用者与质量要求

## 一、会计信息的使用者

会计信息的使用者主要包括投资者、债权人、企业管理者、政府及其相关部门和社会公众等。

## 二、会计信息的质量要求

会计信息的质量要求是对企业财务会计报告中所提供高质量会计信息的基本规范，是使财务会计报告中所提供会计信息对投资者等使用者决策有用应具备的基本特征，主要包括可靠性、相关性、可理解性、可比性、实质重于形式、重要性、谨慎性和及时性等。

### （一）可靠性

可靠性要求企业应当以实际发生的交易或事项为依据进行确认、计量和报告，如实反映符合确认和计量要求的各项会计要素及其他相关信息，保证会计信息真实可靠、内容完整。

### （二）相关性

相关性要求企业提供的会计信息应当与财务会计报告使用者的经济决策需要相关，有助于财务会计报告使用者对企业过去和现在的情况做出评价，对未来的情况做出预测。

（三）可理解性

可理解性要求企业提供的会计信息应当清晰明了，便于财务会计报告使用者理解和使用。

（四）可比性

可比性要求企业提供的会计信息应当相互可比，保证同一企业不同时期可比、不同企业相同会计期间可比。

（五）实质重于形式

实质重于形式要求企业应当按照交易或事项的经济实质进行会计确认、计量和报告，不应仅以交易或事项的法律形式为依据。

（六）重要性

重要性要求企业提供的会计信息应当反映与企业财务状况、经营成果和现金流量有关的所有重要交易或事项。

（七）谨慎性



谨慎性要求企业对交易或事项进行会计确认、计量和报告时保持应有的谨慎，不应高估资产或收益、低估负债或费用。

（八）及时性

及时性要求企业对于已经发生的交易或事项，应当及时地进行确认、计量和报告，不得提前或延后。

## 第五节　会计准则体系

### 一、会计准则的构成

会计准则是反映经济活动、确认产权关系、规范收益分配的会计技术标准，是生成和提供会计信息的重要依据，也是政府调控经济活动、规范经济秩序和开展国际经济交往等的重要手段。会计准则具有严密和完整的体系。我国已颁布的会计准则有《企业会计准则》、《小企业会计准则》和《事业单位会计准则》。

### 二、企业会计准则

我国的企业会计准则体系包括基本准则、具体准则、应用指南和解释公告等。2006 年 2 月 15 日，财政部发布了《企业会计准则》，自 2007 年 1 月 1 日起在上市公司范围内施行，并鼓励其他企业执行。

### 三、小企业会计准则

2011 年 10 月 18 日，财政部发布了《小企业会计准则》，要求符合适用条件的小企业自 2013 年 1 月 1 日起执行，并鼓励提前执行。《小企业会计准则》一般适用于在我国境内依法设立、经济规模较小的企业，具体标准参见《小企业会计准则》和《中小企业划型标准规定》。

## 四、事业单位会计准则

2012 年 12 月 6 日，财政部修订发布了《事业单位会计准则》，自 2013 年 1 月 1 日起在各级各类事业单位施行。该准则对我国事业单位的会计工作予以了规范。

## 课后训练

### 一、单选题

1. 会计是以(　　)为主要计量单位，反映与监督一个单位的经济活动的一种经济管理工作。

A. 工时　B. 实物　C. 货币　D. 劳动耗费

2. 会计基本职能是(　　)。

A. 核算和监督　B. 预测和监督　C. 计划和核算　D. 决策和监督

3. 在会计核算的基本前提中，界定会计工作和会计信息的空间范围的是(　　)。

A. 货币计量　B. 持续经营　C. 会计期间　D. 会计主体

4. 不属于会计核算方法的有(　　)。

A. 填制会计凭证　B. 登记会计账簿　C. 编制财务预算　D. 编制会计报表

5. 根据《企业会计准则》的规定，不作为会计期间的时间段是(　　)。

A. 年度　B. 半月　C. 季度　D. 月度

### 二、多选题

1. 关于会计的说法正确的是(　　　)。

A. 会计是一项经济管理活动

B. 会计的主要工作是核算和监督

C. 会计的对象针对的是某一主体平时所发生的经济活动

D. 货币是会计唯一的计量单位

2. 会计信息的质量要求包括(　　　)。

A. 可靠性　B. 可比性　C. 相关性　D. 可理解性

3. 关于会计主体的说法正确的有(　　　)。

A. 会计主体一定是法律主体

B. 会计主体可以是独立法人，也可以是非法人

C. 会计主体可以是一个企业，也可以是企业中的一个特定组成部分

D. 会计主体有可能是单一企业，也有可能是由几个企业组成的企业集团

4. 会计基础是指会计确认、计量和报告的基础，包括(　　　)。

A. 权责发生制　B. 永续盘存制　C. 实地盘存制　D. 收付实现制

5. 我国已颁布的会计准则有(　　　)

A.《企业会计准则》　B.《小企业会计准则》

C.《事业单位会计准则》　　　　D.《国家机关会计准则》

三、判断题

1. 会计只有核算和监督两项职能。（　）

2. 会计主体前提为会计核算确定了空间范围，会计分期前提为会计核算确定了时间范围。（　）

3. 企业会计的确认、计量和报告应当以收付实现制为基础。（　）

4. 按照权责发生制原则的要求，凡是本期实际收到款项的收入和付出款项的费用，无论是否归属于本期，都不应当作为本期的收入和费用处理。（　）

5. 会计核算的3项工作是指记账、对账、报账。（　）

四、计算题

**目的**　熟悉会计科目。

**要求**　根据以下资料，对以下4个问题分别做出正确选择。

1. 在权责发生制下，该公司10月份的收入和费用应分别为多少元？

2. 在收付实现制下，该公司10月份的收入和费用应分别为多少元？

3. 在权责发生制下，该公司11月份的收入应为多少元？

4. 在收付实现制下，该公司12月份的收入和费用应分别为多少元？

**资料**　中东公司2014年第四季度发生以下经济业务。

1）2014年10月份销售一批商品给A公司，价值20 000元，货已发出，款项当即收到并存入银行。

2）2014年10月份预收B公司10 000元货款；11月份已发货给B公司，价值20 000元；12月份从B公司收回余款10 000元。

3）2014年10月份、11月份、12月份各发生短期借款利息20 000元，共计60 000元，12月末以银行存款一次支付。

4）2014年10月末以银行存款预付下个月房租30 000元。

模块二

# 会计要素与会计等式

### 学习目标

熟悉会计要素的含义与分类，掌握会计要素的确认条件与构成，掌握常用的会计计量属性，掌握会计等式的表现形式，掌握基本经济业务的类型及其对会计等式的影响。

### 课前热身

1. 要求学生统计自己家有哪些财产物资，如家里房屋的面积，电视、冰箱、洗衣机等，从而加深学生对资产要素的认识。

2. 要求学生计算一下自己的月生活费收入，加深对收入要素的认识；记下自己所有的月消费，加深对费用要素的认识。

3. 要求学生复习会计的概念、职能及特点。

### 模块认知

任何企业开展经营活动都必须有一定的资产，那么这些资产从哪里来？企业销售产品会取得收入，在经营过程中还会产生各种费用，到底有哪些会计要素？让我们一起来学习吧。

## 第一节　会 计 要 素

### 一、会计要素的含义与分类

#### （一）会计要素的含义

会计要素是指根据交易或事项的经济特征所确定的财务会计对象的基本分类。

#### （二）会计要素的分类

我国《企业会计准则》将会计要素划分为资产、负债、所有者权益、收入、费用和利润6类。其中，前3类属于反映财务状况的会计要素，在资产负债表中列示；后3类属于反映经营成果的会计要素，在利润表中列示。

## 二、会计要素的确认

### （一）资产

资产是指企业过去的交易或事项形成的,由企业拥有或控制的,预期会给企业带来经济利益的资源。

1. 资产的特征

资产具有以下基本特征。

① 资产是由企业过去的交易或事项形成的。

② 资产是企业拥有或控制的资源。

③ 资产预期会给企业带来经济利益。

2. 资产的确认条件

将一项资源确认为资产,需要符合资产的定义,还应同时满足:与该资源有关的经济利益很可能流入企业;该资源的成本或价值能够可靠地计量。

3. 资产的分类

资产按其流动性不同,可分为流动资产和非流动资产,如图 2. 1 所示。

- 资产
  - 流动资产
    - 货币资金
      - 库存现金
      - 银行存款
      - 其他货币资金
    - 交易性金融资产
    - 短期债权
      - 应收账款
      - 应收票据
      - 预付账款
      - 应收利息
      - 应收股利
      - 其他应收款
    - 存货
      - 原材料
      - 库存商品
      - 周转材料
  - 非流动资产
    - 长期投资
      - 权益性投资
      - 债权性投资
    - 固定资产
      - 房屋及建筑物
      - 机器设备
      - 运输设备
    - 工程物资
    - 在建工程
    - 无形资产
      - 专利权
      - 非专利技术
      - 商标权
    - 其他资产——长期待摊费用

**图 2. 1 资产按流动性分类**

① 流动资产，是指预计在一个正常营业周期中变现、出售或耗用，或者主要为交易目的而持有，或者预计自资产负债表日起 1 年内（含 1 年）变现的资产，以及自资产负债表日起 1 年内交换其他资产或清偿负债的能力不受限制的现金或现金等价物。

流动资产主要包括货币资金、交易性金融资产、应收票据、应收账款、预付款项、应收利息、应收股利、其他应收款、存货等。

② 非流动资产，是指除流动资产以外的资产，主要包括长期股权投资、固定资产、在建工程、工程物资、无形资产、开发支出等。

### （二）负债

负债是指企业过去的交易或事项形成的，预期会导致经济利益流出企业的现时义务。

#### 1. 负债的特征

负债具有以下基本特征。

① 负债是由企业过去的交易或事项形成的。

② 负债是企业承担的现时义务。

③ 负债预期会导致经济利益流出企业。

#### 2. 负债的确认条件

将一项现时义务确认为负债，需要符合负债的定义，还应当同时满足：与该义务有关的经济利益很可能流出企业；未来流出的经济利益的金额能够可靠地计量。

#### 3. 负债的分类

负债按其流动性的不同，可分为流动负债和非流动负债，如图 2.2 所示。

- 负债
  - 流动负债
    - 短期借款
    - 应付账款
    - 应付票据
    - 预收账款
    - 应交税费
    - 应付职工薪酬
    - 应付股利
    - 其他应付款
  - 非流动负债
    - 长期借款
    - 应付债券
    - 长期应付款

图 2.2　负债按流动性分类

① 流动负债，是指预计在一个正常营业周期中清偿，或者主要为交易目的而持有，或者自资产负债表日起 1 年内（含 1 年）到期应予以清偿，或者企业无权自主地将清偿推迟至资产负债表日后 1 年以上的负债。流动负债主要包括短期借款、应付票据、应付账款、预收款项、应付职工薪酬、应交税费、应付利息、应付股利、其他应付款等。

② 非流动负债，是指流动负债以外的负债，主要包括长期借款、应付债券等。

### （三）所有者权益

所有者权益是指企业资产扣除负债后，由所有者享有的剩余权益。公司的所有者，又称为股东权益。

1. 所有者权益的特征

所有者权益具有以下特征。

① 除非发生减资、清算或分派现金股利，否则企业不需要偿还所有者权益。

② 企业清算时，只有在清偿所有的负债后，所有者权益才返还给所有者。

③ 所有者凭借所有者权益能够参与企业利润的分配。

2. 所有者权益的确认条件

所有者权益的确认、计量主要取决于资产、负债、收入、费用等其他会计要素的确认和计量。所有者权益在数量上等于企业资产总额扣除债权人权益后的净额，即为企业的净资产，反映所有者（股东）在企业资产中享有的经济利益。

3. 所有者权益的分类

所有者权益包括实收资本（或股本）、资本公积、盈余公积和未分配利润。所有者权益的分类如图 2.3 所示。

- 所有者权益
  - 投入资本
    - 实收资本（或股本）
    - 资本公积
  - 留存收益
    - 盈余公积
    - 未分配利润

**图 2.3　所有者权益的分类**

### （四）收入

收入是指企业在日常活动中形成的、会导致所有者权益增加的、与所有者投入资本无关的经济利益的总流入。其中，日常活动是企业为完成其经营目标所从事的经常性活动，以及与之相关的活动。

1. 收入的特征

收入具有以下特征。

① 收入是企业在日常活动中形成的。

② 收入会导致所有者权益增加。

③ 收入是与所有者投入资本无关的经济利益的总流入。

2. 收入的确认条件

收入的确认除了应当符合定义外，至少应当符合这些条件：与收入相关的经济利益很可能流入企业；经济利益流入企业的结果会导致资产增加或负债减少；经济利益的流入额能够可靠地计量。

3. 收入的分类

根据重要性要求，收入分为主营业务收入和其他业务收入。主营业务收入是由企业的主营业务所带来的收入；其他业务收入是除主营业务活动以外的其他经营活动实现的收入。根据企业所从事的日常活动的内容，企业的收入可分为销售商品收入、提供劳务收入、让渡资产使用权收入等。

### （五）费用

费用是指企业在日常活动中发生的、会导致所有者权益减少的、与向所有者分配利润无关的经济利益的总流出。

1. 费用的特征

费用具有以下特征。

① 费用是企业在日常活动中发生的。

② 费用会导致所有者权益减少。

③ 费用是与向所有者分配利润无关的经济利益的总流出。

2. 费用的确认条件

费用的确认除了应当符合定义外,至少应当符合这些条件:与费用相关的经济利益很可能流出企业;经济利益流出企业的结果会导致资产减少或负债增加;经济利益的流出额能够可靠地计量。

3. 费用的分类

费用包括生产费用与期间费用。

生产费用是指与企业日常生产经营活动有关的费用。按其经济用途,可分为直接材料、直接人工和制造费用。生产费用应按其实际发生情况计入产品的生产成本;对于生产几种产品共同发生的生产费用,应当按照受益原则,采用适当的方法和程序分配计入相关产品的生产成本。



期间费用是指企业本期发生的、不能直接或间接归入产品生产成本,而应直接计入当期损益的各项费用,包括管理费用、销售费用和财务费用。

## (六) 利润

利润是指企业在一定会计期间的经营成果。利润包括收入减去费用后的净额、直接计入当期利润的利得和损失等。

1. 利润的特征

通常情况下,如果企业实现了利润,表明企业的所有者权益将增加,业绩得到了提升;反之,如果企业发生了亏损(即利润为负数),表明企业的所有者权益将减少,业绩下降。利润是评价企业管理层业绩的指标之一,也是投资者等财务会计报告使用者进行决策时的重要参考依据。

2. 利润的确认条件

利润反映收入减去费用、直接计入当期利润的利得减去损失后的净额。利润的确认主要依赖于收入和费用,以及直接计入当期利润的利得和损失的确认,其金额的确定也主要取决于收入、费用、利得、损失金额的计量。

3. 利润的分类

利润包括收入减去费用后的净额、直接计入当期损益的利得和损失等。其中,收入减去费用后的净额反映企业日常活动的经营业绩;直接计入当期损益的利得和损失反映企业非日常活动的业绩。

直接计入当期损益的利得和损失,是指应当计入当期损益、最终会引起所有者权益发生增减变动的、与所有者投入资本或向所有者分配利润无关的利得或损失。企业应当严格区分收入和利得、费用和损失,以便全面反映企业的经营业绩。

### 三、会计要素的计量

会计要素的计量是为了将符合确认条件的会计要素登记入账，并列报于财务报表而确定其金额的过程。企业应当按照规定的会计计量属性进行计量，确定相关金额。

#### （一）会计计量属性及其构成

会计计量属性是指会计要素的数量特征或外在表现形式，反映了会计要素金额的确定基础，主要包括历史成本、重置成本、可变现净值、现值和公允价值等。

1. 历史成本

历史成本，又称实际成本，是指为取得或制造某项财产物资实际支付的现金或其他等价物。

2. 重置成本

重置成本，又称现行成本，是指按照当前市场条件，重新取得同样一项资产所需要支付的现金或现金等价物金额。

3. 可变现净值

可变现净值是指在正常的生产经营过程中，以预计售价减去进一步加工成本和预计销售费用，以及相关税费后的净值。

4. 现值

现值是指对未来现金流量以恰当的折现率进行折现后的价值，是考虑货币时间价值的一种计量属性。

5. 公允价值

公允价值是指市场参与者在计量日发生的有序交易中出售一项资产所能收到或转移一项负债所需支付的价格。

#### （二）计量属性的运用原则

企业在对会计要素进行计量时，一般应当采用历史成本。采用重置成本、可变现净值、现值、公允价值计量的，应当保证所确定的会计要素金额能够持续地取得，并可靠地计量。

## 第二节　会 计 等 式

会计等式，又称会计恒等式、会计方程式或会计平衡公式，是表明各会计要素之间基本关系的等式。

### 一、会计等式的表现形式

#### （一）财务状况等式

财务状况等式，也称基本会计等式、静态会计等式，是用以反映企业某一特定时点资产、负债和所有者权益三者之间平衡关系的会计等式，即：

资产 = 负债 + 所有者权益

这一等式是根据企业的资产必然有相应的来源这样一个客观事实进行论证和推导出来的，是国际上通用的会计等式。资产是具有未来经济效益的经济资源，而权益是对企业资产的要求权，即资产的来源。资产与权益是同一事物的两个方面。就某一会计主体而言，有一定的资产，就必然有一定的资产来源，即权益；反之，有一定的权益，也必然有一定的资产与之相对应。资产与权益之间存在着互相依存、互为前提、彼此相等的关系。这一会计等式是复式记账法的理论基础，也是编制资产负债表的依据。

### （二）经营成果等式

经营成果等式，也称动态会计等式，是用以反映企业一定时期收入、费用和利润之间恒等关系的会计等式，即：

$$收入-费用=利润$$

这一等式反映了利润的实现过程，是编制利润表的依据。

## 二、经济业务对会计等式的影响

经济业务，又称会计事项，是指经济活动中使会计要素发生增减变动的交易或事项。

一个企业的所有资产和权益经常随着各种经济业务的发生、发展而不断变化，但不论它们怎样变化，都不会破坏“资产＝负债＋所有者权益”这一平衡原理。也就是说，无论发生什么经济业务，也无论经济业务多么复杂，资产总额永远等于权益总额。

企业的各项经济业务所引起的资产与权益的变化，不外乎有以下4种类型。

1. 资产与权益同时等额增加

**例2－1**　接受投资人投入机器设备一台，价值40 000元。

这项经济业务，使资产项目的固定资产增加了40 000元，同时使所有者权益项目的实收资本增加了40 000元。在原有资产总额和权益总额相等的基础上，双方同时增加了40 000元，所以资产总额和权益总额仍保持着平衡相等的关系。

2. 资产与权益同时等额减少

**例2－2**　以银行存款5 000元，偿还前欠货款。

这项经济业务，使资产项目的银行存款减少了5 000元，同时使权益（负债）项目的应付账款减少了5 000元。在原有资产总额和权益总额相等的基础上，双方同时减少了5 000元，所以资产总额和权益总额仍保持着平衡相等的关系。

3. 资产此增彼减，权益不变

**例2－3**　从银行提取现金800元。

这项经济业务，使资产项目的现金增加了800元，同时使资产项目的银行存款减少了800元。这样，在资产项目中，一个项目增加，另一个项目减少，增加和减少的金额都是800元，资产总额不变，与权益总额仍保持着平衡相等的关系。

4. 权益此增彼减，资产不变

**例2－4**　从银行借入短期借款10 000元，归还购货款。

这项经济业务，使权益(负债)项目的短期借款增加了10 000元，同时使权益(负债)项目的应付账款减少了10 000元。这样，在权益项目中，一个项目增加，另一个项目减少，增加和减少的总额都是10 000元，权益总额不变，与资产总额仍保持着平衡相等的关系。

总之，每一项经济业务的发生，都必然会引起会计等式的一方或双方发生相应联系的绝对额的等量变化，即当涉及会计等式的双方时，必然会出现相同方向的等量变动；当只涉及会计等式一方时，必然会出现相反方向的等量变动。由此可见，企业任何经济业务都可以归纳为以上4种类型。不论哪种类型的经济业务，也不论引起资产权益发生怎样的变化，都不会影响资产权益的平衡关系。

企业经济业务按其对财务状况等式的影响不同，还可以进一步分为以下9种基本类型。

① 一项资产增加，另一项资产等额减少的经济业务。

② 一项资产增加，一项负债等额增加的经济业务。

③ 一项资产增加，一项所有者权益等额增加的经济业务。

④ 一项资产减少，一项负债等额减少的经济业务。

⑤ 一项资产减少，一项所有者权益等额减少的经济业务。

⑥ 一项负债增加，另一项负债等额减少的经济业务。

⑦ 一项负债增加，一项所有者权益等额减少的经济业务。

⑧ 一项所有者权益增加，一项负债等额减少的经济业务。

⑨ 一项所有者权益增加，另一项所有者权益等额减少的经济业务。

## 课后训练

### 一、单选题

1. 我国企业会计要素中的费用是指(　　)。

A. 营业成本和营业外支出　　B. 生产费用和期间费用

C. 营业成本和期间费用　　D. 期间费用和营业外支出

2. 属于资产项目的是(　　)。

A. 预付账款　　B. 应交税费　　C. 实收资本　　D. 预收账款

3. 所有者权益在数量上等于(　　)。

A. 企业全部资产减去全部负债后的差额

B. 企业流动资产减去流动负债后的差额

C. 企业流动负债减去长期负债后的差额

D. 企业长期负债减去流动负债后的差额

4. 以银行存款30 000元偿还企业前欠货款。这项经济业务所引起的会计要素变动情况属于(　　)。

A. 一项资产与一项负债同时增加　　B. 一项资产与一项负债同时减少

C. 一项资产增加，另一项资产减少　　D. 一项负债增加，另一项负债减少

5. 已知企业会计期末流动资产余额为200 000元，非流动资产余额合计1 000 000元，所有者权益合计为600 000元，非流动负债合计为400 000元。那么，流动负债合计余额应

为(　　)元。

A. 200 000　　B. 100 000　　C. 600 000　　D. 800 000

## 二、多选题

1. 期间费用包括(　　)。

A. 销售费用　　B. 制造费用　　C. 财务费用　　D. 管理费用

2. 甲公司从银行借款 900 000 元存入银行,这一业务对会计等式的影响有(　　)。

A. 资产增加　　B. 资产减少　　C. 负债增加　　D. 所有者权益不变

3. 期末结转后一般没有余额的账户有(　　)。

A. 销售费用　　B. 固定资产　　C. 主营业务收入　　D. 短期借款

4. 关于会计等式的说法正确的有(　　)。

A. "资产 = 负债 + 所有者权益"是最基本的会计等式

B. "利润 = 收入 - 费用"是编制利润表的理论依据

C. "资产 = 负债 + 所有者权益 + (收入 - 费用)",说明了企业经营成果对资产和所有者权益产生的影响

D. 企业经济业务的发生不会破坏会计基本等式

5. 发生经济事项后,会计等式不发生变化的有(　　)。

A. 某企业用银行存款 40 000 元偿还其供货单位货款

B. 某企业将现金 10 000 元存入银行

C. 某企业由于资金周转困难,从银行借款 800 000 元以归还拖欠的货款

D. 某企业接受投资人投资 1 000 000 元存入银行

## 三、判断题

1. 根据《企业会计准则》的规定,企业会计要素包括资产、负债、所有者权益、收入、费用和利润六大要素。其中,资产、负债和所有者权益是反映企业经营成果的要素;而收入、费用和利润则是反映企业财务状况的要素。　(　)

2. "收入 - 费用 = 利润"被称为第二会计等式,是复式记账的理论基础和编制资产负债表的依据。　(　)

3. 取得银行借款并存入银行,会引起资产和负债同时增加。　(　)

4. 企业以银行存款偿还短期借款,该业务会引起资产与负债同时减少。　(　)

5. "资产 = 负债 + 所有者权益",体现了企业资金运动过程中某一特定时期的资产分布和权益构成。　(　)

## 四、计算题

### 习 题 一

**目的**　练习资产、负债及所有者权益的分类。

**要求**　根据以下资料,区分资产、负债及所有者权益,并将三者的金额分别填入表中各栏。

**资料**　中东公司2014年1月31日资产、负债及所有者权益状况如下表所示。

**中东公司资产、负债及所有者权益状况表**

2014年1月31日　　元

| 序号 | 项　目 | 资产 | 负债 | 所有者权益 |
|---|---|---|---|---|
| 1 | 生产车间使用的机器设备200 000元 | | | |
| 2 | 存在银行的款项126 000元 | | | |
| 3 | 应付光明工厂的款项96 300元 | | | |
| 4 | 某企业投入的资本520 000元 | | | |
| 5 | 尚未缴纳的税金7 000元 | | | |
| 6 | 财会部门库存现金500元 | | | |
| 7 | 应收东风厂货款23 000元 | | | |
| 8 | 库存生产用A材料147 500元 | | | |
| 9 | 运输用的卡车60 000元 | | | |
| 10 | 管理部门使用的计算机30 000元 | | | |
| 11 | 出租包装物收取的押金1 000元 | | | |
| 12 | 某投资人投入的资本304 500元 | | | |
| 13 | 暂付采购员差旅费300元 | | | |
| 14 | 预收黄河工厂购货款4 000元 | | | |
| 15 | 从银行借入短期借款100 000元 | | | |
| 16 | 正在装配中的产品38 000元 | | | |
| 17 | 生产车间用厂房270 000元 | | | |
| 18 | 企业提取盈余公积16 400元 | | | |
| 19 | 库存机器用润滑油1 900元 | | | |
| 20 | 本月实现的利润4 000元 | | | |
| 21 | 已完工入库的产成品54 000元 | | | |
| 22 | 购入华夏公司3年期的债券60 000元 | | | |
| 23 | 应付给职工的薪酬7 000元 | | | |
| 24 | 购入交易性金融资产24 000元 | | | |
| 25 | 生产甲产品的专利权25 000元 | | | |

## 习　题　二

**目的**　熟悉、掌握会计等式的关系。

**要求**　填列下表空格中的数据。

会计等式表

元

| 序号 | 资产 | 负债 | 所有者权益 |
|---|---|---|---|
| 1 | 165 000 | 54 000 | |
| 2 | 538 000 | | 342 000 |
| 3 | | 176 000 | 488 000 |

## 习 题 三

**目的** 熟悉资金变化的类型。

**要求** 判断下述经济业务属于哪种类型，并将业务的序号填入下表中。

**资料** 中东公司 2014 年 2 月份发生以下经济业务。

1）购进原材料一批，货款尚未支付。

2）以银行存款购买 3 年期的国库券。

3）以银行存款支付前欠货款。

4）将资本公积转作资本金。

5）收到投资者追加的投资存入银行。

6）接受某企业捐赠的货币资金，用以归还银行短期借款。

7）以银行存款购入生产设备一台。

8）从银行提取现金备用。

9）从银行借入短期借款，直接偿还应付账款。

10）无法偿还的应付款项转作营业外收入。

经济业务类型表

| 经济业务类型 | 经济业务序号 |
|---|---|
| 1. 一项资产增加，一项权益增加 | |
| 2. 一项资产减少，一项权益减少 | |
| 3. 一项资产增加，另一项资产减少 | |
| 4. 一项权益增加，另一项权益减少 | |

模块三

# 会计科目与账户

### 学习目标

了解会计科目和账户的含义，熟悉会计科目和账户的分类，掌握常用会计科目和账户的结构。

### 课前热身

1. 复习会计平衡公式。
2. 思考为什么要设置会计科目，不设置会计科目会怎样。

### 模块认知

会计要素是对会计对象所做的基本分类，但每一会计要素中又有多个要素项目，如资产要素中，库存现金和银行存款的内容和管理的要求都不同，这就必须对会计要素中的具体类别进行科学分类，这就产生了会计科目。让我们一起来学习常用的会计科目吧！

## 第一节　会计科目

### 一、会计科目的概念与分类

#### （一）会计科目的概念

会计科目，简称科目，是对会计要素的具体内容进行分类核算的项目。

为了把各会计主体的资产、负债、所有者权益方面发生的纷繁复杂的经济业务，清楚地、分门别类地反映出来，必须对各项经济业务的性质和内容进行科学的分类，在此基础上为每一类项目确定通用的名称，这就是会计科目。会计主体则必须按会计科目设置账户，用以登记各项经济业务活动的数量的增减变动。它是账户的名称，也是设置账户的依据。

会计对象是资金运动。　　　　　　　第一层次

会计要素是对会计对象的分类。　　　第二层次

会计科目是对会计要素的分类。　　　第三层次

会计科目表中列举的各个会计科目,并非彼此孤立,而是相互联系、相互补充地组成一个完整的会计科目体系,可以用来全面、系统、分类地核算和监督会计对象的具体内容,提供企业内部经营管理和外部有关方面所需要的一系列核算指标。

### （二）会计科目的分类

为了正确地掌握和运用会计科目,可以按不同标志对会计科目进行分类。在实际工作中,一般有以下两种分类方法。

1. 按反映的经济内容分类

会计科目按其反映的经济内容不同,可分为资产类科目、负债类科目、共同类科目、所有者权益类科目、成本类科目和损益类科目。

① 资产类科目,是对资产要素的具体内容进行分类核算的项目,按资产的流动性分为反映流动资产的科目和反映非流动资产的科目。

② 负债类科目,是对负债要素的具体内容进行分类核算的项目,按负债的偿还期限分为反映流动负债的科目和反映非流动负债的科目。

③ 共同类科目,是既有资产性质又有负债性质的科目,主要有“清算资金往来”、“外汇买卖”、“衍生工具”、“套期工具”、“被套期项目”等科目。

④ 所有者权益类科目,是对所有者权益要素的具体内容进行分类核算的项目,按所有者权益的形成和性质可分为反映资本的科目和反映留存收益的科目。

⑤ 成本类科目,是对可归属于产品生产成本、劳务成本等的具体内容进行分类核算的项目,按成本的内容和性质的不同可分为反映制造成本的科目、反映劳务成本的科目等。

⑥ 损益类科目,是对收入、费用等的具体内容进行分类核算的项目。

会计科目的分类如图 3.1 所示。

- 会计科目
  - 反映资产的科目
    - 反映流动资产的科目
      - 反映货币资金的科目
        - 库存现金
        - 银行存款
        - 其他货币资金
      - 反映存货的科目
        - 原材料
        - 库存商品
      - 反映债权的科目
        - 应收账款
        - 应收票据
        - 其他应收款
    - 反映非流动资产的科目
      - 固定资产
      - 累计折旧
  - 反映负债的科目
    - 反映流动负债的科目
      - 短期借款
      - 应付账款
      - 其他应付款
      - 应付职工薪酬
      - 应交税费
      - 应付股利
    - 反映非流动负债的科目——长期借款
  - 反映所有者权益的科目
    - 实收资本
    - 资本公积
    - 盈余公积
    - 本年利润
    - 利润分配
  - 反映成本的科目
    - 生产成本
    - 制造费用
  - 反映损益类的科目
    - 反映收入的科目
      - 主营业务收入
      - 其他业务收入
    - 反映期间费用的科目
      - 销售费用
      - 管理费用
      - 财务费用
    - 反映支出的科目——营业外支出

**图 3.1 会计科目的分类**

2. 按提供信息的详细程度及其统驭关系分类

会计科目按其提供信息的详细程度及其统驭关系，可以分为总分类科目和明细分类科目。

① 总分类科目，又称总账科目或一级科目，是对会计要素的具体内容进行总括分类，提供总括信息的会计科目。

② 明细分类科目，又称明细科目，是对总分类科目做进一步分类，提供更为详细和具体会计信息的科目。如果某一总分类科目所属的明细分类科目较多，可在总分类科目下设置二级明细科目，在二级明细科目下设置三级明细科目。

以“原材料”、“应交税费”为例以表的形式进一步说明总分类科目与明细分类科目之间的关系，如表3.1、表3.2所示。

表3.1　　总分类科目与明细分类科目的关系（原材料）

| 总分类科目（一级科目） | 明细分类科目 | |
|---|---|---|
| | 二级科目（子目） | 明细科目（细目） |
| 原材料 | 原材料及主要材料 | 圆钢<br>角钢 |
| | 辅助材料 | 润滑油<br>油漆 |

表3.2　　总分类科目与明细分类科目的关系（应交税费）

| 总分类科目（一级科目） | 明细分类科目 | |
|---|---|---|
| | 二级科目（子目） | 明细科目（细目） |
| 应交税费 | 应交增值税 | 进项税额<br>销项税额 |
| | 应交消费税 | 烟<br>化妆品 |

## 二、会计科目的设置

### （一）会计科目的设置原则

合理地设置会计科目，是会计核算方法之一。各会计主体都应按照财政部统一制定的行业会计制度的规定设置会计科目。各单位由于经济业务活动的具体内容、规模大小与业务繁简程度等情况不尽相同，在具体设置会计科目时，应考虑其自身特点和具体情况，设置会计科目时都应遵循以下原则。

1. 合法性原则

为了保证会计信息的可比性，所设置的会计科目应当符合国家统一会计制度的规定。

2. 相关性原则

会计科目的设置，应为有关方提供所需要的会计信息服务，满足对外报告与对内管理的要求。

3. 实用性原则

企业的组织形式、所处行业、经营业务及业务种类等不同，在会计科目的设置上应有所区别。在合法性的基础上，应根据企业自身特点，设置符合企业需要的会计科目。

### （二）常用会计科目

企业常用的会计科目如表3.3所示。

表 3.3　　常用会计科目

| 编号 | 名称 | 编号 | 名称 |
|---|---|---|---|
| | 一、资产类 | | 二、负债类 |
| 1001 | 库存现金 | 2001 | 短期借款 |
| 1002 | 银行存款 | 2201 | 应付票据 |
| 1012 | 其他货币资金 | 2201 | 应付账款 |
| 1101 | 交易性金融资产 | 2202 | 预收账款 |
| 1121 | 应收票据 | 2211 | 应付职工薪酬 |
| 1122 | 应收账款 | 2221 | 应交税费 |
| 1123 | 预付账款 | 2231 | 应付利息 |
| 1131 | 应收股利 | 2232 | 应付股利 |
| 1132 | 应收利息 | 2241 | 其他应付款 |
| 1221 | 其他应收款 | 2501 | 长期借款 |
| 1231 | 坏账准备 | 2501 | 应付债券 |
| 1401 | 材料采购 | 2701 | 长期应付款 |
| 1402 | 在途物资 | 2711 | 专项应付款 |
| 1403 | 原材料 | 2801 | 预计负债 |
| 1404 | 材料成本差异 | 2901 | 递延所得税负债 |
| 1405 | 库存商品 | | 三、共同类(略) |
| 1406 | 发出商品 | | 四、所有者权益类 |
| 1407 | 商品进销差价 | 4001 | 实收资本 |
| 1408 | 委托加工物资 | 4002 | 资本公积 |
| 1471 | 存货跌价准备 | 4101 | 盈余公积 |
| 1501 | 持有至到期投资 | 4103 | 本年利润 |
| 1502 | 持有至到期投资减值准备 | 4104 | 利润分配 |
| 1503 | 可供出售金融资产 | | 五、成本类 |
| 1511 | 长期股权投资 | 5001 | 生产成本 |
| 1512 | 长期股权投资减值准备 | 5101 | 制造费用 |
| 1521 | 投资性房地产 | 5201 | 劳务成本 |
| 1531 | 长期应收款 | 5301 | 研发支出 |
| 1601 | 固定资产 | | 六、损益类 |
| 1602 | 累计折旧 | 6001 | 主营业务收入 |
| 1603 | 固定资产减值准备 | 6051 | 其他业务收入 |
| 1604 | 在建工程 | 6101 | 公允价值变动损益 |

（续表）

| 编号 | 名称 | 编号 | 名称 |
| --- | --- | --- | --- |
| 1605 | 工程物资 | 6111 | 投资收益 |
| 1606 | 固定资产清理 | 6301 | 营业外收入 |
| 1701 | 无形资产 | 6401 | 主营业务成本 |
| 1702 | 累计摊销 | 6402 | 其他业务成本 |
| 1703 | 无形资产减值准备 | 6403 | 营业税金及附加 |
| 1711 | 商誉 | 6601 | 销售费用 |
| 1801 | 长期待摊费用 | 6602 | 管理费用 |
| 1811 | 递延所得税资产 | 6603 | 财务费用 |
| 1901 | 待处理财产损溢 | 6701 | 资产减值损失 |
| | | 6711 | 营业外支出 |
| | | 6801 | 所得税费用 |

# 第二节　账　　户

## 一、账户的概念与分类

### （一）账户的概念

账户是根据会计科目设置的，具有一定格式和结构，用于分类反映会计要素的增减变动情况及其结果的载体。

### （二）账户的分类

账户可根据其核算的经济内容、提供信息的详细程度及其统驭关系进行分类。

1. 根据核算的经济内容，账户可分为资产类账户、负债类账户、共同类账户、所有者权益类账户、成本类账户和损益类账户六类

其中，有些资产类账户、负债类账户和所有者权益类账户存在备抵账户。备抵账户，又称抵减账户，是指用来抵减被调整账户余额，以确定被调整账户实有数额而设置的独立账户。

2. 根据提供信息的详细程度及其统驭关系，账户可分为总分类账户和明细分类账户

总分类账户和所属明细分类账户核算的内容相同，只是反映内容的详细程度有所不同，二者相互补充，相互制约，相互核对。总分类账户统驭和控制所属明细分类账户，明细分类账户从属于总分类账户。

## 二、账户的功能与结构

### （一）账户的功能

账户的功能在于连续、系统、完整地提供企业经济活动中各会计要素增减变动及其结果

的具体信息。其中,会计要素在特定会计期间增加和减少的金额,分别称为账户的“本期增加发生额”和“本期减少发生额”,二者统称为账户的“本期发生额”;会计要素在会计期末的增减变动结果,称为账户的“余额”,具体表现为期初余额和期末余额,账户上期的期末余额转入本期,即为本期的期初余额;账户本期的期末余额转入下期,即为下期的期初余额。账户的期初余额、期末余额、本期增加发生额和本期减少发生额统称为账户的 4 个金额要素。对于同一账户而言,它们之间的基本关系如下。

期末余额 = 期初余额 + 本期增加发生额 − 本期减少发生额

### (二）账户的结构

账户的结构是指账户的组成部分及相互关系。

账户不仅有名称,更重要的是它应具有一定的结构。账户的结构就是账户的具体格式,是由几个主要部分构成的。会计是从数量上反映经济活动的。从数量上看,经济业务所引起的资产与权益的变化虽然错综复杂,但归纳起来,不外乎增加和减少两种情况。因此账户在结构上也相应地分为反映增加和减少的两个基本部分。这样可以把账户格式上分出来的左右两方,一方反映增加,另一方反映减少。至于用哪一方面反映增加,用哪一方面反映减少,则取决于账户的性质。在借贷记账法下,账户的基本结构在实务中被形象地称为丁字形账户或 T 型账户,如图 3. 2 所示。

借方　　　　　　账户名称　　　　　　贷方

图 3. 2　T 型账户

一个完整的账户通常由这些内容组成:账户名称,即会计科目;日期,即所依据记账凭证中注明的日期;凭证字号,即所依据记账凭证的编号;摘要,即经济业务的简要说明;金额,即增加额、减少额和余额。

## 三、账户与会计科目的关系

从理论上讲,会计科目与账户是两个不同的概念,二者既有联系,又有区别。会计科目与账户都是对会计对象的具体内容的分类:会计科目是账户的名称,也是设置账户的依据;账户是会计科目的具体运用,具有一定的结构和格式,并通过其结构反映某项经济内容的增减变动及其余额。

### (一）账户与会计科目的区别

① 会计科目侧重于对会计对象的分类,而账户则侧重于对会计对象的经济内容的变动情况的反映。

② 会计科目没有结构,而账户需要有固定的结构。

### (二）账户与会计科目的共同点

① 会计科目和账户都是对会计对象的经济内容的科学分类。

② 账户是根据会计科目开设的，会计科目的名称是账户的名称。

③ 会计科目规定的核算内容就是账户应记录和反映的内容。

## 课后训练

### 一、单选题

1. 会计科目是指对(　　)的具体内容进行分类核算的项目。
   A. 会计对象　　B. 会计信息　　C. 会计主体　　D. 会计要素
2. 关于账户与会计科目的联系和区别的说法错误的是(　　)。
   A. 账户的分类和会计科目分类的内容一致
   B. 会计科目与账户二者的性质相同
   C. 账户和会计科目都有自己的格式和结构
   D. 会计科目是账户的名称和设置依据
3. 属于企业流动负债的是(　　)。
   A. 预收账款　　B. 应收账款　　C. 预付账款　　D. 其他应收款
4. 不属于企业损益类科目的是(　　)。
   A. 主营业务收入　　B. 其他业务收入　　C. 主营业务成本　　D. 制造费用
5. 会计科目是(　　)。
   A. 会计要素的名称　　B. 账户名称
   C. 账簿名称　　D. 会计报表项目名称

### 二、多选题

1. 企业借款根据流动性，可分为(　　　　)。
   A. 预付账款　　B. 短期借款　　C. 长期借款　　D. 应付账款
2. 属于成本类科目的有(　　　　)。
   A. 生产成本　　B. 财务费用　　C. 制造费用　　D. 销售费用
3. 设置会计科目的原则包括(　　　　)。
   A. 合法性原则　　B. 相关性原则　　C. 一致性原则　　D. 实用性原则
4. 属于资产类科目的有(　　　　)。
   A. 管理费用　　B. 预付账款　　C. 累计折旧　　D. 库存商品
5. 属于所有者权益类科目的有(　　　　)。
   A. 实收资本　　B. 本年利润　　C. 长期股权投资　　D. 盈余公积

### 三、判断题

1. 会计科目是对会计对象的具体内容进行分类的，既有分类的名称，又有一定的格式。(　　)

2. 总分类科目与其所属的明细分类科目的核算内容相同，所不同的是前者提供的信息比后者更加详细。(　　)

3. 会计科目的基本结构包括账户、增减金额、余额等。（　）

4. 在明细分类账户中只使用货币计量单位反映经济业务。（　）

5. 丁字形账户的基本结构分左右两方，由于账户所记录的经济内容不同，其左右两方记录的内容也不同。（　）

## 四、计算题

### 习　题　一

**目的**　熟悉会计科目。

**要求**

1. 根据资料内容，分清资产、负债、所有者权益，将"金额"填入相应空格内。
2. 根据资料内容，确定会计科目，并填入相应空格内。
3. 将同一会计科目的金额相加，看看资产、负债及所有者权益之间的关系。

**中东公司资产、负债及所有者权益资料表**

2014 年 3 月 31 日　　元

| 顺序号 | 资料内容 | 金额 | 资产 | 负债 | 所有者权益 | 会计科目 |
|---|---|---|---|---|---|---|
| 1 | 存在银行的存款 | 628 200 | | | | |
| 2 | 接受甲企业投资 | 4 000 000 | | | | |
| 3 | 从银行借入 6 个月的临时借款 | 300 000 | | | | |
| 4 | 1—3 月实现的利润 | 350 000 | | | | |
| 5 | 库存的原材料 | 120 000 | | | | |
| 6 | 厂房、仓库、办公楼 | 1 440 000 | | | | |
| 7 | 应付给供应单位的购货款 | 243 100 | | | | |
| 8 | 财务部门的库存现金 | 1 100 | | | | |
| 9 | 应向购货方收取的销货款 | 400 000 | | | | |
| 10 | 生产产品用的钢材 | 623 000 | | | | |
| 11 | 接受联营单位投资 | 1 384 500 | | | | |
| 12 | 生产用的机器设备 | 2 560 000 | | | | |
| 13 | 从利润中提取的公积金 | 70 000 | | | | |
| 14 | 采购员预借的差旅费 | 800 | | | | |
| 15 | 应付房管部门的代扣房租 | 2400 | | | | |
| 16 | 库存已完工的产品 | 476 900 | | | | |
| 17 | 购入的产品专利权 | 100 000 | | | | |

### 习　题　二

**目的**　掌握账户发生额与账户余额的关系。

**要求**　将下表中账户的有关内容补充完整。

中东公司 2014 年 3 月份账户发生额及余额表

元

| 账户名称 | 期初余额 | 本期增加发生额 | 本期减少发生额 | 期末余额 |
| --- | --- | --- | --- | --- |
| 银行存款 | 450 000 | 320 000 | 560 000 | |
| 实收资本 | 12 000 000 | 3 000 000 | | 15 000 000 |
| 库存现金 | | 8 800 | 9 200 | 400 |
| 应付账款 | 60 000 | | 30 000 | 70 000 |
| 盈余公积 | 500 000 | 200 000 | | 400 000 |

# 模块四 会计记账方法

## 学习目标

了解会计记账方法的种类，掌握复式记账法的概念与种类，熟悉借贷记账法的原理，掌握借贷记账法的内容，了解会计分录的分类，掌握借贷记账法下会计分录的编制、借贷记账法下的试算平衡。

## 课前热身

1. 复习会计六大要素的内容。
2. 思考如何记账。

## 模块认知

记账方法是指按照一定的规则、使用一定的记账符号，在账户中登记各项经济业务的技术方法。它是实现会计职能、完成会计核算任务最基本、最重要的手段。下面就一起来学习一下有哪些记账方法吧！

## 第一节　会计记账方法的种类

### 一、单式记账法

单式记账法是指对发生的经济业务只在一个账户中进行登记的记账方法。例如，“用银行存款购买材料”只登记银行存款的减少，不登记材料的增加。

单式记账法是一种比较简单、不完整的记账方法，重点考查的是现金、银行存款及债权债务方面发生的经济业务。一般只设置“现金”、“银行存款”、“应收账款”、“应付账款”等账户，而没有一套完整的账户体系，账户之间也形不成相互对应的关系，因此不能全面、系统地反映经济业务的来龙去脉，也不便于检查账户记录的正确性。与单式记账法相比，复式记账法有不可比拟的优越性。

## 二、复式记账法

### （一）复式记账法的概念

复式记账法是指对于每一笔经济业务，都必须用相等的金额在两个或两个以上相互联系的账户中进行登记，全面系统地反映会计要素增减变化的一种记账方法。现代会计运用复式记账法。

例如，“用银行存款购买材料”业务，按照复式记账法，则应以相等的金额，一方面在“银行存款”账户中记录银行存款的付出业务；另一方面在“原材料”账户中记录材料的收入业务。

### （二）复式记账法的优点

与单式记账法相比，复式记账法的主要优点如下。

① 能够全面地反映经济业务内容和资金运动的来龙去脉。

② 能够进行试算平衡，便于查账和对账。

### （三）复式记账法的种类

复式记账法可分为借贷记账法、增减记账法和收付记账法等。借贷记账法是目前国际上通用的记账方法。我国《企业会计准则》规定企业应当采用借贷记账法记账。

# 第二节　借贷记账法

## 一、借贷记账法的概念

借贷记账法是以“借”和“贷”作为记账符号的一种复式记账法。

借贷记账法产生于12世纪的意大利。当时，由于意大利海上贸易的不断发展，所使用货币的种类、重量和成色等日益复杂，通过银行进行转账结算便受到了人们的普遍欢迎。银行为了适应借贷资本和商业资本经营管理的需要，更加便捷地办理转账结算业务，设计了“借”、“贷”两个方向。“借”、“贷”两字的含义，最初是从资本家的角度来解释的，即用来表示债权（应收款）和债务（应付款）的增减变动，将债权记入“借方”，将债务记入“贷方”。随着社会经济的发展，经济活动内容日益复杂，记录的经济业务已不再局限于货币资金的借贷业务，而逐渐扩展到财产物资、经营损益等。为了求得账簿记录统一，对于非货币资金借贷业务，也以“借”、“贷”两字记录其增减变动情况。这样，“借”和“贷”两字就失去了原来的含义，而转化为纯粹的记账符号。到了15世纪末，借贷记账法已经形成了比较完备的理论，并传遍了欧、美等世界各地，成为通用的记账方法。20世纪初由日本传入我国，为一部分企业所采用。中华人民共和国成立后，我国会计工作者在借贷记账法的基础上提出了新的记账方法，如增减记账法、资金收付记账法等，并将其运用于会计实践中。但是，记账方法不统一，既给企业横向经济联系和国际经济交往带来诸多不便，也不利于经济管理中对会计信息的加工、汇总和利用。因此，我国在1993年实施的《企业会计准则》中明确规定，境内所有企业在进行会计核算时，都必须统一采用借贷记账法。

## 二、借贷记账法下账户的结构

### （一）借贷记账法下账户的基本结构

借贷记账法下，账户的左方称为借方，右方称为贷方。所有账户的借方和贷方按相反方向记录增加数和减少数，即一方登记增加额，另一方就登记减少额。至于“借”表示增加，还是“贷”表示增加，则取决于账户的性质与所记录经济内容的性质。

通常而言，资产、成本和费用类账户的增加用“借”表示，减少用“贷”表示；负债、所有者权益和收入类账户的增加用“贷”表示，减少用“借”表示。备抵账户的结构与所调整账户的结构正好相反。

### （二）资产和成本类账户的结构

在借贷记账法下，资产类、成本类账户的借方登记增加额，贷方登记减少额，期末余额一般在借方，有些账户可能无余额。其余额计算公式如下。

期末借方余额＝期初借方余额＋本期借方发生额－本期贷方发生额

资产类账户的结构如下所示。

| 借方　　　资产类账户 | 贷方 |
|---|---|
| 期初余额 | |
| 本期增加发生额 | 本期减少发生额 |
| 本期发生额合计 | 本期发生额合计 |
| 期末余额 | |

### （三）负债和所有者权益类账户的结构

在借贷记账法下，负债类、所有者权益类账户的借方登记减少额，贷方登记增加额；期末余额一般在贷方，有些账户可能无余额，其余额计算公式如下。

期末贷方余额＝期初贷方余额＋本期贷方发生额－本期借方发生额

负债和所有者权益类账户的结构如下所示。

| 借方　　　负债和所有者权益类账户 | 贷方 |
|---|---|
| | 期初余额 |
| 本期减少发生额 | 本期增加发生额 |
| 本期发生额合计 | 本期发生额合计 |
| | 期末余额 |

### （四）损益类账户的结构

损益类账户主要包括收入类账户和费用类账户。

1. 收入类账户的结构

在借贷记账法下，收入类账户的借方登记减少额，贷方登记增加额。本期收入净额在期末转入“本年利润”账户，用以计算当期损益，结转后无余额。其结构如下所示。

| 借方　　　　收入类账户 | 贷方 |
|---|---|
| 本期减少（转销）发生额 | 本期增加发生额 |
| 本期发生额合计 | 本期发生额合计 |
| | 平 |

2. 费用类账户的结构

在借贷记账法下，费用类账户的借方登记增加额；贷方登记减少额。本期费用净额在期末转入“本年利润”账户，用以计算当期损益，结转后无余额。其结构如下所示。

| 借方　　　　费用类账户 | 贷方 |
|---|---|
| 本期增加发生额 | 本期减少（转销）发生额 |
| 本期发生额合计 | 本期发生额合计 |
| 平 | |

根据以上所述，借贷记账法下各类账户的结构如表 4.1 所示。

表 4.1　借贷记账法下各类账户的结构

| 账户类别 | 借　方 | 贷　方 | 余额方向 |
|---|---|---|---|
| 资产类 | 增加 | 减少 | 借方 |
| 负债类 | 减少 | 增加 | 贷方 |
| 所有者权益类 | 减少 | 增加 | 贷方 |
| 收入类 | 减少（转销） | 增加 | 一般无余额 |
| 费用成本类 | 增加 | 减少（转销） | 一般无余额 |

## 三、借贷记账法的记账规则

记账规则是指采用某种记账方法登记具体经济业务时应当遵循的规律。从以上账户结构中可以分析出，经济业务无论怎样复杂，均可概括为以下 4 种类型。

① 资产与权益同时增加，总额增加。

② 资产与权益同时减少，总额减少。

③ 资产内部有增有减，总额不变。

④ 权益内部有增有减，总额不变。

无论哪一种类型的经济业务，都要以相等的金额记入有关账户的借方，同时记入有关账户的贷方，因此借贷记账法的记账规则是“有借必有贷，借贷必相等”。

### 小判断

采用借贷记账法，借表示增加，贷表示减少吗？

## 四、借贷记账法下账户的对应关系与会计分录

### （一）账户的对应关系

账户的对应关系是指采用借贷记账法对每笔交易或事项进行记录时，相关账户之间形成的应借、应贷的相互关系。存在对应关系的账户称为对应账户。

### （二）会计分录

1. 会计分录的含义

会计分录，简称分录，是对每项经济业务列示出应借、应贷的账户名称及其金额的一种记录。会计分录由应借应贷方向、相互对应的科目及其金额 3 个要素构成。在我国，会计分录记载于记账凭证中。

编制会计分录，应按照以下步骤进行。

1）一项业务发生后，分析业务涉及的是资产（费用、成本），还是权益（收入）。

2）确定涉及哪些账户，是增加，还是减少。

3）确定记入哪个（或哪些）账户的借方或贷方。

4）确定应借、应贷账户是否正确，借贷金额是否相等。

现举例说明如下。

**例 4－1**　企业收到投资人 10 000 元投资，存入银行。

此项业务中，一方面使资产类中的“银行存款”账户增加 10 000 元，记入该账户的借方；另一方面使权益类中的“实收资本”账户增加 10 000 元，记入该账户的贷方，借贷金额相等。应编制以下会计分录。

借：银行存款　　10 000
　　贷：实收资本　　10 000

**例 4－2**　企业用银行存款 5 000 元偿还短期借款。

此项业务中，一方面使资产类中的“银行存款”账户减少 5 000 元，记入该账户贷方；另一方面使权益类中的“短期借款”账户减少 5 000 元，记入该账户的借方，借贷金额相等。应编制以下会计分录。

借：短期借款　　5 000
　　贷：银行存款　　5 000

**例 4－3**　企业以银行存款 3 000 元购买材料。

此项业务中，一方面使资产类中的“原材料”账户增加 3 000 元，记入该账户的借方；另一方面使资产类中的“银行存款”账户减少 3 000 元，记入该账户的贷方，借贷金额相等。应编制以下会计分录。

借：原材料　　3 000
　　贷：银行存款　　3 000

**例 4－4**　企业从银行借入短期借款 6 000 元，直接偿还应付款项。

此项业务中，一方面使权益类中的“短期借款”账户增加 6 000 元，记入该账户的贷方；另一方面使权益类中的“应付账款”账户减少 6 000 元，记入该账户的借方，借贷金额相等。应编制以下会计分录。

借：应付账款　　6 000
　　贷：短期借款　　6 000

2. 会计分录的分类

按照所涉及账户的多少，会计分录可分为简单会计分录和复合会计分录。

简单会计分录是指只涉及一个账户借方和另一个账户贷方的会计分录，即一借一贷的会计分录。

复合会计分录指由两个以上（不含两个）对应账户组成的会计分录，即一借多贷、多借一贷或多借多贷的会计分录。

以上四组分录即简单会计分录，现举例说明复合会计分录的编制。

**例 4－5**　企业生产产品直接耗用原材料 20 000 元，生产车间耗用原材料 4 000 元，共计 24 000 元。编制分录如下。

借：生产成本　　20 000
　　制造费用　　4 000
　　贷：原材料　　24 000

**例 4－6**　企业偿还应付账款 31 200 元，其中，以现金偿还 200 元，以银行存款偿还 31 000 元。编制分录如下。

借：应付账款　　31 200
　　贷：库存现金　　200
　　　　银行存款　　31 000

为了保持账户对应关系清晰，一般不宜把不同类型的经济业务合并在一起编制多借多贷的会计分录。

## 五、借贷记账法下的试算平衡

### （一）试算平衡的含义

试算平衡是指根据借贷记账法的记账规则和资产与权益的恒等关系，通过对所有账户的发生额和余额的汇总计算和比较来检查记录是否正确的一种方法。

### （二）试算平衡的分类

1. 发生额试算平衡

发生额试算平衡是指全部账户本期借方发生额合计与全部账户本期贷方发生额合计保持平衡，即：

全部账户本期借方发生额合计＝全部账户本期贷方发生额合计

在借贷记账法下，根据“有借必有贷，借贷必相等”的记账规则，每一笔经济业务都要以相等的金额,分别记入两个或两个以上相关账户的借方和贷方,借贷双方的发生额必然相等。推而广之,将一定时期内的经济业务全部记入有关账户之后,所有账户的借方发生额合计与贷方发生额合计也必然相等。对前4项业务进行账务处理后,编制发生额试算平衡表,如表4.2所示。

表4.2 本期发生额试算平衡表

年 月 日 元

| 会计科目 | 借方发生额 | 贷方发生额 |
|---|---|---|
| 银行存款 | 10 000 | 8 000 |
| 原材料 | 3 000 | |
| 短期借款 | 5 000 | 6 000 |
| 应付账款 | 6 000 | |
| 实收资本 | | 10 000 |
| 合 计 | 24 000 | 24 000 |



**小思考**

发生额试算平衡的直接依据是借贷记账法的记账规则吗?

2. 余额试算平衡

余额试算平衡是指全部账户借方期末(初)余额合计与全部账户贷方期末(初)余额合计保持平衡,即:

全部账户借方期末(初)余额合计 = 全部账户贷方期末(初)余额合计

余额试算平衡的直接依据是财务状况等式。

实际工作中,余额试算平衡是通过试算平衡表方式进行的,如表4.3所示。

表4.3 试算平衡表

年 月 日 元

| 会计科目 | 期初余额 | | 本期发生额 | | 期末余额 | |
|---|---|---|---|---|---|---|
| | 借 方 | 贷 方 | 借 方 | 贷 方 | 借 方 | 贷 方 |
| 现金 | 200 | | | | 200 | |
| 银行存款 | 30 000 | | 10 000 | 8 000 | 32 000 | |
| 应收账款 | 4 000 | | | | 4 000 | |
| 原材料 | 9 000 | | 3 000 | | 12 000 | |
| 固定资产 | 86 000 | | | | 86 000 | |
| 无形资产 | 12 000 | | | | 12 000 | |
| 短期借款 | | 7 000 | 5000 | 6 000 | | 8 000 |

（续表）

| 会计科目 | 期初余额 | | 本期发生额 | | 期末余额 | |
|---|---|---|---|---|---|---|
| | 借　方 | 贷　方 | 借　方 | 贷　方 | 借　方 | 贷　方 |
| 应付账款 | | 6 000 | 6000 | | | |
| 长期借款 | | 40 000 | | | | 40 000 |
| 实收资本 | | 80000 | | 10 000 | | 90 000 |
| 资本公积 | | 8 200 | | | | 8 200 |
| 合　计 | 141 200 | 141 200 | 24 000 | 24 000 | 146 200 | 146 200 |

### （三）试算平衡表的编制

试算平衡是通过编制试算平衡表进行的。试算平衡表通常是在期末结出各账户的本期发生额合计和期末余额后编制的。试算平衡表中一般应设置“期初余额”、“本期发生额”和“期末余额”三大栏目,其下分设“借方”和“贷方”两个小栏目。各大栏目中的借方合计与贷方合计应该平衡相等,否则,便存在记账错误。本表表明,所有账户期初借方余额合计 141 200 元与贷方余额合计 141 200 元相等;所有账户本期借方发生额合计 24 000 元与贷方发生额合计 24 000 元相等;所有账户期末借方余额合计 146 200 元与贷方余额合计 146 200 元相等。



## 课后训练

### 一、单选题

1. 复式记账法可分为(　　)。
   A. 借贷记账法、增减记账法和单式记账法
   B. 借贷记账法、单式记账法和收付记账法
   C. 借贷记账法、增减记账法和收付记账法
   D. 单式记账法、增减记账法和收付记账法
2. 复式记账法对每笔经济业务都应以相等的金额在(　　)科目中登记。
   A. 一个　B. 两个　C. 三个　D. 两个或两个以上
3. 贷方登记增加的账户是(　　)。
   A. “预收账款”　B. “主营业务成本”　C. “生产成本”　D. “预付账款”
4. 不是复合会计分录的是(　　)。
   A. 一借多贷的会计分录　B. 多借一贷的会计分录
   C. 一借一贷的会计分录　D. 多借多贷的会计分录
5. 会计账户是根据(　　)分别设置的。
   A. 会计主体　B. 会计对象　C. 会计要素　D. 会计科目

### 二、多选题

1. 关于借贷记账法的表述正确的有(　　　)。

A. 漏记一项经济业务通过试算平衡可以发现

B. 借贷记账法是复式记账法的一种

C. 在借贷记账法下，负债增加记借方，减少记贷方

D. 在借贷记账法下，"借"代表增加，"贷"代表减少

2. 在借贷记账法下，将账户划分为借、贷两方，哪一方登记增加，哪一方登记减少的依据不正确的有(　　　)。

A. 凡借方都登记增加，贷方都登记减少　B. 记账方法

C. 金额大小　D. 账户的性质

3. 会计分录是由哪三要素构成？(　　　)

A. 应借、应贷方向　B. 对应账户名称　C. 应记金额　D. 账户的性质

4. (　　　)不是简单会计分录。

A. 一借多贷　B. 一贷多借　C. 多借多贷　D. 一借一贷

5. 借贷记账方法下的试算平衡方法有(　　　)。

A. 发生额试算平衡法　B. 总额试算平衡法

C. 差额试算平衡法　D. 余额试算平衡法



## 三、判断题

1. 复式记账法是指对于发生的每一项经济业务都要以相等的金额同时在相互联系的两个账户中进行登记的一种记账方法。(　)

2. 复式记账法可以保持账户之间的平衡关系。(　)

3. 在借贷记账法下发生整笔经济业务漏记的情况，试算平衡表依然是平衡的。(　)

4. 从银行提取现金备用这笔经济业务涉及两个资产账户，其中一个增加，另一个减少。(　)

5. 企业用资本公积转增实收资本后，所有者权益总额增加。(　)

## 四、计算题

### 习　题　一

**目的**　掌握账户余额的计算。

**要求**　计算资产与权益类账户期末余额。

借　权益类账户　贷

| 借 | 贷 |
|---|---|
| | 期初余额　300 000 |
| 本期减少额 200 000 | 本期增加额 50 000 |
| | |

借　资产类账户　贷

| 借 | 贷 |
|---|---|
| | 期初余额　552 000 |
| 本期增加额　12 000 | 本期减少额 74 400 |
| | |

## 习　题　二

**目的**　掌握借贷记账法。

**要求**　填写会计科目借贷方向。

| 实际业务 | 科目名称 | 借　方 | 贷　方 |
|---|---|---|---|
| 1. 购进甲材料 15 000 元 | 在途物资 | | |
| 2. 用现金 200 元支付材料运费 | 库存现金 | | |
| 3. 收回应收账款 5 000 元 | 应收账款 | | |
| 4. 偿还购甲材料款 15 000 元 | 应付账款 | | |
| 5. 从银行提取现金 500 元备用 | 银行存款 | | |
| 6. 借入短期借款 10 000 元存入银行 | 短期借款 | | |
| 7. 购汽车一辆 45 000 元 | 固定资产 | | |
| 8. 接受某单位投资 120 000 元 | 实收资本 | | |
| 9. 将盈余公积转增资本 1 500 元 | 盈余公积 | | |
| 10. 购甲商品 4 500 元,验收入库 | 库存商品 | | |

## 习　题　三

**目的**　掌握会计分录的编制。

**要求**　根据企业 2014 年 4 月份发生的经济业务,编制会计分录。

**资料**　企业 2014 年 4 月份发生的经济业务如下。

1）1 日,国家投入资金 25 000 元,存入银行存款户。

2）2 日,通过银行转账付出前欠南方工厂购入货款 3 000 元。

3）3 日,从银行提取现金 15 000 元,准备发放工资。

4）4 日,收到应收销货款 4 500 元,存入银行存款户。

5）5 日,购材料 2 100 元,货款未付。

6）6 日,用银行存款 10 000 元归还短期借款。

7）7 日,收回应收销货款 7 600 元,其中,5 000 元直接归还银行借款,2 600 元存入银行。

8）8 日,上级以投资方式投入新机器一台,价值 7 500 元。

9）9 日,采购员马克出差,预借差旅费 1 500 元,以库存现金支付。

10）10 日,收到港商投入小汽车一辆,价值 49 000 元。

## 习　题　四

**目的**　掌握试算平衡表的编制。

**要求**　根据企业 2014 年 5 月份发生的经济业务,编制会计分录,登记账簿,试算平衡。

**资料**　企业 2014 年 5 月份发生的经济业务如下。

1）1 日,从银行提取现金 2 000 元备用。

2）2 日,采购员预借差旅费 3 000 元,用库存现金支付。

3）4 日,用银行存款 10 000 元归还短期借款。

4）5 日，购入原材料 15 000 元，用银行存款支付 5 000 元，其余尚未支付。

5）7 日，生产产品领用原材料 20 000 元。

6）8 日，经批准，将盈余公积 20 000 元转增资本。

7）9 日，用银行存款 5 000 元缴纳应交的税费。

8）10 日，收到某企业前欠货款 3 000 元，存入银行。

模块五

# 主要经济业务的核算

### 学习目标

掌握企业资金的循环与周转过程，掌握企业主要经济业务的账户设置，掌握企业主要经济业务的核算，掌握折旧的计算，掌握利润计算的有关公式。

### 课前热身

1. 复习常用的会计账户。
2. 复习借贷记账法。

### 模块认知

根据会计平衡原理和复式记账原理，以及借贷记账法下的具体核算原则，本模块以工业企业作为会计核算主体。工业企业的基本任务是生产工业产品，其经营过程主要由供应过程、生产过程、销售过程组成。在此经营过程中，货币资金不断循环转变，发生着各种经济业务。

## 第一节　企业的主要经济业务

不同企业的经济业务各有特点，其生产经营业务流程也不尽相同，本模块主要介绍企业的资金筹集、设备购置、材料采购、产品生产、商品销售和利润分配等经济业务。

针对企业生产经营过程中发生的经济业务，账务处理的主要内容有：资金筹集业务的账务处理；固定资产业务的账务处理；材料采购业务的账务处理；生产业务的账务处理；销售业务的账务处理；期间费用的账务处理；利润形成与分配业务的账务处理。

## 第二节　资金筹集业务的核算

企业的资金筹集业务按其资金来源不同，通常分为所有者权益筹资和负债筹资。所有者权益筹资形成所有者的权益（通常称为权益资本），包括投资者的投资及其增值，这部分资本的所有者既享有企业的经营收益，也承担企业的经营风险；负债筹资形成债权人的权益（通常称为债务资本），主要包括企业向债权人借入的资金和结算形成的负债资金等，这部分资本的所有者享有按约收回本金和利息的权利。

## 一、所有者权益筹资业务

### （一）所有者投入资本的构成

所有者投入资本按照投资主体的不同,可分为国家资本金、法人资本金、个人资本金和外商资本金等。

所有者投入的资本主要包括实收资本(或股本)和资本公积。

实收资本(或股本)是指企业的投资者按照企业章程、合同或协议的约定,实际投入企业的资本金,以及按照有关规定由资本公积、盈余公积等转增资本的资金。

资本公积是指企业收到投资者投入的超出其在企业注册资本(或股本)中所占份额的投资,以及直接计入所有者权益的利得和损失等。资本公积作为企业所有者权益的重要组成部分,主要用于转增资本。

### （二）账户设置

企业通常设置以下账户对所有者权益筹资业务进行核算。



1. “实收资本(或股本)”账户

“实收资本”账户(股份有限公司一般设置“股本”账户)属于所有者权益类账户,用以核算企业接受投资者投入的实收资本。

该账户的贷方登记所有者投入企业资本金的增加额,借方登记所有者投入企业资本金的减少额;期末余额在贷方,反映企业期末实收资本(或股本)的总额。

该账户可按投资者的不同设置明细账户,进行明细核算。其结构如下。

借方　　　　实收资本　　　　贷方

| 借方 | 贷方 |
|---|---|
| 所有者投入企业资本金的增加额 | 所有者投入企业资本金的减少额 |
| | 余额:企业期末实收资本(或股本总额) |

2. “资本公积”账户

“资本公积”账户属于所有者权益类账户,用以核算企业收到投资者出资额超出其在注册资本或股本中所占份额的部分,以及直接计入所有者权益的利得和损失等。

该账户的借方登记资本公积的减少额,贷方登记资本公积的增加额;期末余额在贷方,反映企业期末资本公积的结余数额。

该账户可按资本公积的来源不同,分别进行“资本溢价(或股本溢价)”、“其他资本公积”明细核算。其结构如下。

借方　　　　资本公积　　　　贷方

| 借方 | 贷方 |
|---|---|
| 资本公积的增加额 | 资本公积的减少额 |
| | 余额:期末资本公积的结余数额 |

3. “银行存款”账户

“银行存款”账户属于资产类账户，用以核算企业存入银行或其他金融机构的各种款项，但是银行汇票存款、银行本票存款、信用卡存款、信用证保证金存款、存出投资款、外埠存款等，通过“其他货币资金”账户核算。

该账户的借方登记存入的款项，贷方登记提取或支出的存款；期末余额在借方，反映企业存在银行或其他金融机构的各种款项。

该账户应当按照开户银行存款种类等分别进行明细核算。其结构如下。

| 借方　　　　银行存款 | 贷方 |
|---|---|
| 存入的款项 | 提取或支出的存款 |
| 余额：存在银行或其他金融机构的各种款项 | |

## （三）主要业务的核算

企业接受投资者投入的资本，借记“银行存款”、“固定资产”、“无形资产”、“长期股权投资”等账户，按其在注册资本或股本中所占份额，贷记“实收资本（或股本）”账户，按其差额，贷记“资本公积——资本溢价（或股本溢价）”账户。

1. 接受现金资产投资的核算

***例 5－1*** 中东公司和新华公司、通益公司共同出资投资设立甲有限责任公司，注册资本为3 000 000元，款项通过银行收妥。持股比例分别为50%、30%和20%。按照章程规定，投入资本分别为1 500 000元、900 000元和600 000元。甲有限责任公司已如期收到投资者一次交足的款项。

不考虑其他因素，甲有限责任公司应编制以下会计分录。

借：银行存款　　　　3 000 000
　贷：实收资本——中东公司　　　　1 500 000
　　　　　　——新华公司　　　　900 000
　　　　　　——通益公司　　　　600 000

***例 5－2*** 甲有限责任公司经营1年后，为扩大经营规模，经批准，注册资本加到4 000 000元，并引入第四位投资者金立公司加入。按照投资协议，金立须交入现金1 200 000元，同时享有该公司25%的股份。甲有限责任公司已收到金立公司的现金投资。

不考虑其他因素，甲有限责任公司应编制以下会计分录。

借：银行存款　　　　1 200 000
　贷：实收资本——金立公司　　　　1 000 000
　　　资本公积——资本溢价　　　　200 000

2. 接受非现金资产投资的核算

**小提示**

企业接受非现金资产投资时，应按投资合同或协议约定价值确定非现金资产价值，但投资合同或协议约定价值不公允的除外。

*例 5-3*　中东公司接受乙公司投入办公楼一栋，价值 650 000 元。

应编制以下会计分录。

借：固定资产　　　　650 000

　贷：实收资本——乙公司　　　　650 000

## 二、负债筹资业务

### （一）负债筹资的构成



负债筹资主要包括短期借款、长期借款，以及结算形成的负债等。

短期借款是指企业为了满足其生产经营对资金的临时性需要而向银行或其他金融机构等借入的偿还期限在 1 年以内（含 1 年）的各种借款。

长期借款是指企业向银行或其他金融机构等借入的偿还期限在 1 年以上（不含 1 年）的各种借款。

结算形成的负债主要有应付账款、应付职工薪酬、应交税费等。

### （二）账户设置

企业通常设置以下账户对负债筹资业务进行会计核算。

1. “短期借款”账户

“短期借款”账户属于负债类账户，用以核算企业的短期借款。

该账户的贷方登记短期借款本金的增加额，借方登记短期借款本金的减少额；期末余额在贷方，反映企业期末尚未归还的短期借款。

该账户可按借款种类、贷款人和币种进行明细核算。其结构如下。

| 借方　　　短期借款 | 贷方 |
|---|---|
| 短期借款本金的减少额 | 短期借款本金的增加额 |
| | 余额：企业期末尚未偿还的短期借款 |

2. “长期借款”账户

“长期借款”账户属于负债类账户，用以核算企业的长期借款。

该账户的贷方登记企业借入的长期借款本金，借方登记归还的本金和利息；期末余额在贷方，反映企业期末尚未偿还的长期借款。

该账户可按贷款单位和贷款种类，分别进行“本金”、“利息调整”等的明细核算。其结构如下。

借方　　　　　　　　长期借款　　　　　　　　贷方

| | |
|---|---|
| 归还的本金和利息 | 企业借入的长期借款本金 |
| | 余额:反映企业期末尚未偿还的长期借款 |

3. "应付利息"账户

"应付利息"账户属于负债类账户,用以核算企业按照合同约定应支付的利息,包括吸收存款、分期付息到期还本的长期借款、企业债券等应支付的利息。

该账户的贷方登记企业按合同利率计算确定的应付未付利息,借方登记归还的利息;期末余额在贷方,反映企业应付未付的利息。

该账户可按存款人或债权人进行明细核算。其结构如下。

借方　　　　　　　　应付利息　　　　　　　　贷方

| | |
|---|---|
| 归还的利息 | 按合同利率计算确定的应付未付利息 |
| | 余额:反映企业应付未付的利息 |

4. "财务费用"账户

"财务费用"账户属于损益类账户,用以核算企业为筹集生产经营所需资金等而发生的筹资费用,包括利息支出(减利息收入)、汇兑损益,以及相关的手续费、企业发生的现金折扣或收到的现金折扣等。为购建或生产满足资本化条件的资产发生的应予资本化的借款费用,通过"在建工程"、"制造费用"等账户核算。

该账户的借方登记手续费、利息费用等的增加额,贷方登记应冲减财务费用的利息收入等;期末结转后,该账户无余额。

该账户可按费用项目进行明细核算。其结构如下。

借方　　　　　　　　财务费用　　　　　　　　贷方

| | |
|---|---|
| 手续费、利息费用等的增加额 | 应冲减财务费用的利息收入<br>期末转入"本年利润"账户的费用 |
| | 余额:0 |

### (三) 主要业务的核算

1. 短期借款的核算

企业借入的各种短期借款,借记"银行存款"账户,贷记"短期借款"账户;归还借款时做相反的会计分录。资产负债表日,应按计算确定的短期借款利息费用,借记"财务费用"账户,贷记"银行存款"、"应付利息"等账户。

**例 5-4** 公司因生产经营的临时性需要,于 2014 年 7 月 1 日向银行申请取得期限为 3 个月的借款 100 000 元,存入银行。借款年利率为 6%,利息按季度结算,7 月末,经计算 7 月份应负担的利息费用为 500 元。

① 2014 年 7 月 1 日,取得短期借款时,应编制以下会计分录。

借:银行存款　　100 000

　　贷:短期借款　　100 000

② 2014 年 7 月 31 日,计提 7 月份的利息时,应编制以下会计分录。

借:财务费用　　500

　　贷:应付利息　　500

2. 长期借款的核算

企业借入长期借款,应按实际收到的金额借记"银行存款"账户,按借款本金贷记"长期借款——本金"账户,如存在差额,还应借记"长期借款——利息调整"账户。

资产负债表日,应按确定的长期借款的利息费用,借记"在建工程"、"制造费用"、"财务费用"、"研发支出"等账户,按确定的应付未付利息,贷记"应付利息"账户,按其差额,贷记"长期借款——利息调整"等账户。

**例 5-5**　2014 年 1 月 1 日,公司为集中购买一批材料,从银行借入资金 6 000 000 元,借款期限为 3 年,年利率为 8%,利息按年支付,所借款项已存入银行。

① 2014 年 1 月 1 日,取得借款时,应编制以下会计分录。



借:银行存款　　6 000 000

　　贷:长期借款　　6 000 000

② 2014 年 1 月 31 日,公司计提一个月的长期借款利息时,应编制以下会计分录。

应计提的利息金额 =6 000 000 ×8% ÷12 =40 000(元)

借:财务费用　　40 000

　　贷:应付利息　　40 000

本例中,借入的长期借款用于企业的生产经营,产生的利息费用应计入财务费用。2014 年 2 月至 2016 年 11 月,各月计提利息会计分录同上。

③ 2014 年 12 月 31 日,归还第一年长期借款利息时,应编制以下会计分录。

借:应付利息　　440 000[1]

　　财务费用　　40 000[2]

　　贷:银行存款　　480 000[3]

## 第三节　固定资产业务的核算

### 一、固定资产的概念与特征

#### (一) 固定资产的概念

固定资产是指为生产商品、提供劳务、出租,或者经营管理而持有,使用寿命超过一个会

[1] 已计提的 11 个月的利息。

[2] 未计提的 12 月份的利息。

[3] 1 年的利息。

计年度的有形资产。

### （二）固定资产的特征

固定资产同时具有以下特征。

① 固定资产属于一种有形资产。

② 为生产商品、提供劳务、出租，或者经营管理而持有。

③ 使用寿命超过一个会计年度。

## 二、固定资产的成本

固定资产的成本是指企业购建某项固定资产达到预定可使用状态前所发生的一切合理、必要的支出。

企业可以通过外购、自行建造、投资者投入、非货币性资产交换、债务重组、企业合并和融资租赁等方式取得固定资产。在不同取得方式下，固定资产成本的具体构成内容及其确定方法也不尽相同。

外购固定资产的成本，包括购买价款、相关税费[2009 年 1 月 1 日增值税转型改革后，企业购建（包括购进、接受捐赠、实物投资、自制、改扩建和安装）生产用固定资产发生的增值税进项税额可以从销项税额中抵扣]，使固定资产达到预定可使用状态前所发生的可归属于该项资产的运输费、装卸费、安装费和专业人员服务费等。



**注意**

固定资产的入账价值中，不包括允许抵扣的增值税进项税额。

## 三、固定资产的折旧

固定资产折旧是指在固定资产使用寿命内，按照确定的方法对应计折旧额进行的系统分摊。其中，应计折旧额是指应当计提折旧的固定资产的原价扣除其预计净残值后的金额。已计提减值准备的固定资产，还应当扣除已计提的固定资产减值准备累计金额。

预计净残值是指假定固定资产的预计使用寿命已满，并处于使用寿命终了时的预期状态，企业目前从该项资产的处置中获得的扣除预计处置费用后的金额。预计净残值率是指固定资产预计净残值额占其原价的比率。企业应当根据固定资产的性质和使用情况，合理地确定固定资产的预计净残值。预计净残值一经确定，不得随意变更。

企业应当按月对所有的固定资产计提折旧，但是，已提足折旧仍继续使用的固定资产、单独计价入账的土地和持有待售的固定资产除外。提足折旧是指已经提足该项固定资产的应计折旧额。当月增加的固定资产，当月不计提折旧，从下月起计提折旧；当月减少的固定资产，当月仍计提折旧，从下月起不计提折旧。提前报废的固定资产，不再补提折旧。

企业可选用的折旧方法有年限平均法、工作量法、双倍余额递减法和年数总和法等。本模块重点介绍年限平均法和工作量法。

### （一）年限平均法

年限平均法，又称直线法，是指将固定资产的应计折旧额均匀地分摊到固定资产预计使用寿命内的一种方法。应计提折旧额的计算公式如下。

年折旧额 =（原值 − 预计净残值）÷ 预计使用年限

年折旧率 =（1 − 预计净残值率）÷ 预计使用年限 × 100%

月折旧率 = 年折旧率 ÷ 12

式中，预计净残值率 = 预计净残值 ÷ 原始价值

年折旧额 = 原始价值 × 年折旧率

月折旧额 = 年折旧额 ÷ 12

**例 5－6** 中东公司一件生产设备原值为 92 000 元，采用年限法计算折旧，预计使用年限为 10 年，预计净残值为 2 000 元。计算年、月折旧额及折旧率。

年折旧额 =（92 000 − 2 000）÷ 10 = 9 000（元）

月折旧额 =（92 000 − 2 000）÷ 10 ÷ 12 = 750（元）

年折旧率 = 9 000 ÷ 92 000 × 100% ≈ 9.78%

月折旧率 = 750 ÷ 92 000 × 100% ≈ 0.82%

### （二）工作量法

工作量法是根据实际工作量计算每期应提折旧额的一种方法。其计算公式如下。

$$\text{每单位工作量折旧额}=\frac{\text{固定资产原价}\times(1-\text{预计净残值率})}{\text{预计总工作量}}$$

某项固定资产月折旧额 = 该项固定资产当月工作量 × 单位工作量折旧额

**例 5－7** 中东公司有货运卡车一辆，原值为 60 000 元，预计净残值率为 5%，预计总行驶里程为 50 万千米，当月行驶里程为 5 000 千米。该项固定资产的月折旧额计算过程如下。

单位里程折旧额 = 60 000 ×（1 − 5%）÷ 500 000 = 0.114（元/千米）

本月折旧额 = 5 000 × 0.114 = 570（元）

工作量法实际也就是直线法，也是按工作量平均计算，但由于每期固定资产的使用程度不同，实际完成工作量不相等，导致每期折旧也不尽相同。

不同的固定资产折旧方法，将影响固定资产使用寿命期间内不同时期的折旧费用。企业应当根据与固定资产有关的经济利益的预期实现方式合理地选择折旧方法，固定资产的折旧方法一经确定，不得随意变更。

固定资产在其使用过程中，因所处经济环境、技术环境，以及其他环境均有可能发生很大变化，企业至少应当于每年年度终了，对固定资产的使用寿命、预计净残值和折旧方法进行复核。固定资产使用寿命、预计净残值和折旧方法的改变，应当作为会计估计变更。

## 四、账户设置

企业通常设置以下账户对固定资产业务进行会计核算。

1. “在建工程”账户

“在建工程”账户属于资产类账户，用以核算企业基建、更新改造等在建工程发生的支出。

该账户的借方登记企业各项在建工程的实际支出，贷方登记工程达到预定可使用状态时转出的成本等；期末余额在借方，反映企业期末尚未达到预定可使用状态的在建工程的成本。

该账户可按“建筑工程”、“安装工程”、“在安装设备”、“待摊支出”，以及“单项工程”等进行明细核算。其结构如下。

借方　　在建工程　　贷方

| 借方 | 贷方 |
| --- | --- |
| 各项在建工程的实际支出 | 工程达到预定可使用状态时转出的成本等 |
| 余额：反映企业期末尚未达到预定可使用状态的在建工程的成本 | |

2. “工程物资”账户

“工程物资”账户属于资产类账户，用以核算企业为在建工程准备的各种物资的成本，包括工程用材料、尚未安装的设备，以及为生产准备的工器具等。

该账户的借方登记企业购入工程物资的成本，贷方登记领用工程物资的成本；期末余额在借方，反映企业期末为在建工程准备的各种物资的成本。

该账户可按“专用材料”、“专用设备”、“工器具”等进行明细核算。其结构如下。

借方　　工程物资　　贷方

| 借方 | 贷方 |
| --- | --- |
| 购入工程物资的成本 | 领用工程物资的成本 |
| 余额：反映企业期末为在建工程准备的各种物资的成本 | |

3. “固定资产”账户

“固定资产”账户属于资产类账户，用以核算企业持有的固定资产原价。

该账户的借方登记固定资产原价的增加，贷方登记固定资产原价的减少；期末余额在借方，反映企业期末固定资产的原价。

该账户可按固定资产类别和项目进行明细核算。其结构如下。

借方　　固定资产　　贷方

| 借方 | 贷方 |
| --- | --- |
| 固定资产原价的增加 | 固定资产原价的减少 |
| 余额：反映期末固定资产的原价 | |

4. “累计折旧”账户

“累计折旧”账户属于资产类备抵账户，用以核算企业固定资产计提的累计折旧。

该账户的贷方登记按月提取的折旧额，即累计折旧的增加额，借方登记因减少固定资产而转出的累计折旧；期末余额在贷方，反映期末固定资产的累计折旧额。

该账户可按固定资产的类别或项目进行明细核算。其结构如下。

| 借方 | 累计折旧　　　　贷方 |
|---|---|
| 因减少固定资产而转出的累计折旧 | 按月提取的折旧额 |
| | 余额：反映期末固定资产的累计折旧额 |

## 五、主要业务的核算

### （一）固定资产的购入

企业购入不需要安装的固定资产，按应计入固定资产成本的金额，借记"固定资产"、"应交税费——应交增值税（进项税额）"账户，贷记"银行存款"等账户。

**例 5－8**　中东公司购入一台不需要安装的设备，取得的增值税专用发票上注明设备的买价为 20 000 元，增值税税额为 3 400 元，另支付运杂费 300 元，包装费 400 元，款项以存款付清，设备交付生产使用。

应编制以下会计分录。

借：固定资产——生产经营用固定资产　　20 700
　　应交税费——应交增值税（进项税额）　　3 400
　贷：银行存款　　24 100

### （二）固定资产的折旧

企业按月计提的固定资产折旧，根据固定资产的用途计入相关资产的成本或当期损益，借记"制造费用"、"销售费用"、"管理费用"、"研发支出"、"其他业务成本"等账户，贷记"累计折旧"账户。

**例 5－9**　中东公司采用年限平均法对固定资产计提折旧。2014 年 10 月份根据固定资产折旧计算表确定的各车间及厂部管理部门应分配的折旧额为：一车间 50 000 元，二车间 40 000 元，三车间 30 000 元，公司管理部门 80 000 元。

应编制以下会计分录。

借：制造费用　　120 000
　　管理费用　　80 000
　贷：累计折旧　　200 000

**小思考**

累计折旧是哪个账户的备抵账户？每个月是否可以任意选择固定资产的折旧方法？

# 第四节　材料采购业务的核算

## 一、材料的采购成本

材料的采购成本是指企业物资从采购到入库前所发生的全部支出，包括购买价款、相关税费、运输费、装卸费、保险费，以及其他可归属于采购成本的费用。

在实务中，企业也可以将发生的运输费、装卸费、保险费，以及其他可归属于采购成本的费用等先进行归集，期末按照所购材料的存销情况进行分摊。

## 二、账户设置

企业通常设置以下账户对材料采购业务进行会计核算。

1. “原材料”账户

“原材料”账户属于资产类账户，用以核算企业库存的各种材料，包括原料及主要材料、辅助材料、外购半成品（外购件）、修理用备件（备品备件）、包装材料、燃料等的计划成本或实际成本。企业收到来料加工装配业务的原料、零件等，应当设置备查簿进行登记。

该账户的借方登记已验收入库材料的成本，贷方登记发出材料的成本；期末余额在借方，反映企业库存材料的计划成本或实际成本。

该账户可按材料的保管地点（仓库）、材料的类别、品种和规格等进行明细核算。其结构如下。

借方　　　　原材料　　　　贷方

| 借方 | 贷方 |
|---|---|
| 验收入库材料的实际成本 | 发出材料的实际成本 |
| 余额：反映库存材料的实际成本 | |

2. “材料采购”账户

“材料采购”账户属于资产类账户，用以核算企业采用计划成本进行材料日常核算而购入材料的采购成本。

该账户的借方登记企业采用计划成本进行核算时采购材料的实际成本，以及材料入库时结转的节约差异，贷方登记入库材料的计划成本，以及材料入库时结转的超支差异；期末余额在借方，反映企业在途材料的采购成本。

该账户可按供应单位和材料品种进行明细核算。其结构如下。

借方　　　　材料采购　　　　贷方

| 借方 | 贷方 |
|---|---|
| 采购材料的实际成本，以及材料入库时结转的节约差异 | 入库材料的计划成本，以及材料入库时结转的超支差异 |
| 余额：反映在途材料的采购成本 | |

3. “材料成本差异”账户

“材料成本差异”账户属于资产类账户，用以核算企业采用计划成本进行日常核算的材料计划成本与实际成本的差额。

该账户的借方登记入库材料形成的超支差异，以及转出的发出材料应负担的节约差异，贷方登记入库材料形成的节约差异，以及转出的发出材料应负担的超支差异；期末余额在借方，反映企业库存材料等的实际成本大于计划成本的差异，期末余额在贷方，反映企业库存材料等的实际成本小于计划成本的差异。

该账户可以按照类别或品种进行明细核算。其结构如下。

借方　　　　材料成本差异　　　　贷方

| 借方 | 贷方 |
| --- | --- |
| 入库材料形成的超支差异，以及转出的发出材料应负担的节约差异 | 入库材料形成的节约差异，以及转出的发出材料应负担的超支差异 |
| 余额：反映企业库存材料等的实际成本大于计划成本的差异 | 余额：反映企业库存材料等的实际成本小于计划成本的差异 |



4. “在途物资”账户

“在途物资”账户属于资产类账户，用以核算企业采用实际成本（或进价）进行材料、商品等物资的日常核算，货款已付尚未验收入库的在途物资的采购成本。

该账户的借方登记购入材料、商品等物资的买价和采购费用（采购实际成本），贷方登记已验收入库材料、商品等物资应结转的实际采购成本；期末余额在借方，反映企业期末在途材料、商品等物资的采购成本。该账户可按供应单位和物资品种进行明细核算。其结构如下。

借方　　　　在途物资　　　　贷方

| 借方 | 贷方 |
| --- | --- |
| 采购材料的实际成本 | 入库材料的实际成本 |
| 余额：反映在途材料的采购成本 | |

5. “应付账款”账户

“应付账款”账户属于负债类账户，用以核算企业因购买材料、商品和接受劳务等经营活动应支付的款项。

该账户的贷方登记企业因购入材料、商品和接受劳务等尚未支付的款项，借方登记偿还的应付账款；期末余额一般在贷方，反映企业期末尚未支付的应付账款余额，如果在借方，反映企业期末预付账款余额。

该账户可按债权人进行明细核算。其结构如下。

借方　　　　应付账款　　　　贷方

| 借方 | 贷方 |
| --- | --- |
| 偿还的款项 | 应付给供应单位的款项 |
| | 余额：尚未偿还的款项 |

6. “应付票据”账户

“应付票据”账户属于负债类账户，用以核算企业购买材料、商品和接受劳务等开出、承兑的商业汇票，包括银行承兑汇票和商业承兑汇票。

该账户的贷方登记企业开出、承兑的商业汇票，借方登记企业已经支付或到期无力支付的商业汇票；期末余额在贷方，反映企业尚未到期的商业汇票的票面金额。该账户可按债权人进行明细核算。其结构如下。

| 借方　　　应付票据 | 贷方 |
| --- | --- |
| 企业已经支付或到期无力支付的商业汇票 | 企业开出、承兑的商业汇票 |
| | 余额：尚未到期的商业汇票的票面金额 |

7. “预付账款”账户

“预付账款”账户属于资产类账户，用以核算企业按照合同规定预付的款项。预付款项情况不多的，也可以不设置该账户，将预付的款项直接记入“应付账款”账户。

该账户的借方登记企业因购货等业务预付的款项，贷方登记企业收到货物后应支付的款项等；期末余额在借方，反映企业预付的款项，期末余额在贷方，反映企业尚需补付的款项。

该账户可按供货单位进行明细核算。其结构如下。

| 借方　　　预付账款 | 贷方 |
| --- | --- |
| 企业因购货等业务预付的款项 | 企业收到货物后应支付的款项 |
| 余额：反映企业预付的款项 | 余额：反映企业尚需补付的款项 |

8. “应交税费”账户

“应交税费”账户属于负债类账户，用以核算企业按照税法等规定计算应缴纳的各种税费，包括增值税、消费税、营业税、所得税、资源税、土地增值税、城市维护建设税、房产税、土地使用税、车船使用税、教育费附加、矿产资源补偿费等。企业代扣代缴的个人所得税等，也通过此账户核算。

该账户的贷方登记各种应缴未缴税费的增加额，借方登记实际缴纳的各种税费；期末余额在贷方，反映企业尚未缴纳的税费，期末余额在借方，反映企业多缴或尚未抵扣的税费。

该账户可按应交的税费项目进行明细核算。其结构如下。

| 借方　　　应交税费——应交增值税 | 贷方 |
| --- | --- |
| 采购材料物资时向供应单位支付的“进项税额”和实际缴纳的增值税 | 企业销售产品时向购货单位收取的“销项税额” |
| 余额：表示多缴或尚未抵扣的增值税 | 余额：表示尚未缴纳的增值税 |

## 三、主要业务的核算

材料的日常收发结存可以采用实际成本核算，也可以采用计划成本核算。

### （一）实际成本法核算的账务处理

实际成本法下，一般通过“原材料”和“在途物资”等科目进行核算。企业外购材料时，按材料是否验收入库可分为以下两种情况。

1. 材料已验收入库

如果货款已经支付，发票账单已到，材料已验收入库，按支付的实际金额，借记“原材料”、“应交税费——应交增值税（进项税额）”等账户，贷记“银行存款”、“预付账款”等账户。

**例5－10**　10月20日，公司从一洋公司购入甲材料300千克，增值税专用发票上所列单价为60元，计买价18 000元，税率17%，进项税额为3 060元，运费200元，材料到达并已验收入库。

该项经济业务表明，材料购入到达并已验收入库，按买价加运费构成的实际采购成本借记“原材料”账户，同时按进项税额借记“应交税费——应交增值税（进项税额）”账户；由于用存款支付，贷记“银行存款”账户。应编制以下会计分录。

| | | |
|---|---|---|
| 借：原材料——甲材料 | 18 200 | |
| 　　应交税费——应交增值税（进项税额） | 3 060 | |
| 　　贷：银行存款 | | 21 260 |

如果货款尚未支付，材料已经验收入库，按相关发票凭证上应付的金额，借记“原材料”、“应交税费——应交增值税（进项税额）”等账户，贷记“应付账款”、“应付票据”等账户。

如果货款尚未支付，材料已经验收入库，但月末仍未收到相关发票凭证，按照暂估价入账，即借记“原材料”账户，贷记“应付账款”等账户。下月初做相反分录予以冲回，收到相关发票账单后再编制会计分录。

2. 材料尚未验收入库

如果货款已经支付，发票账单已到，但材料尚未验收入库，按支付的金额，借记“在途物资”、“应交税费——应交增值税（进项税额）”等账户，贷记“银行存款”等账户；待验收入库时再做后续分录。

**例5－11**　10月23日，公司从新天地公司购进甲材料2 000千克，增值税专用发票所列单价为45元，计买价90 000元，税率17%，进项税额为15 300元，供货方代垫运费600元，款项以银行存款支付，材料尚未运到。

该项经济业务表明，企业在采购货物时，按发票上注明的买价（在基础会计中不考虑运费计税问题）乘以税率求出进项税额，借记“应交税费——应交增值税（进项税额）”账户，因购买材料未到，所以按买价加运费求出的采购成本的金额应再借记“在途物资”账户；由于款项以存款支付，贷记“银行存款”账户。应编制以下会计分录。

| | | |
|---|---|---|
| 借：在途物资——甲材料 | 90 600 | |
| 　　应交税费——应交增值税（进项税额） | 15 300 | |

贷:银行存款　　105 900

**例 5－12**　10 月 25 日,从新天地公司购入的甲材料运到,并验收入库。

该项经济业务表明,前购入的材料运到并已验收入库,应按材料采购的实际成本入账,借记“原材料”账户,贷记“在途物资”账户。应编制以下会计分录。

借:原材料——甲材料　　90 600

　贷:在途物资——甲材料　　90 600

### (二) 计划成本法核算的账务处理

计划成本法下,一般通过“材料采购”、“原材料”、“材料成本差异”等账户进行核算。企业外购材料时,按材料是否验收入库可分为以下两种情况。

1. 材料已验收入库

如果货款已经支付,发票账单已到,材料已验收入库,按支付的实际金额,借记“材料采购”账户,贷记“银行存款”账户;按计划成本金额,借记“原材料”账户,贷记“材料采购”账户;按计划成本与实际成本之间的差额,借记(或贷记)“材料采购”账户,贷记(或借记)“材料成本差异”账户。

如果货款尚未支付,材料已经验收入库,按相关发票凭证上应付的金额,借记“材料采购”账户,贷记“应付账款”、“应付票据”等账户;按计划成本金额,借记“原材料”账户,贷记“材料采购”账户;按计划成本与实际成本之间的差额,借记(或贷记)“材料采购”账户,贷记(或借记)“材料成本差异”账户。

如果材料已经验收入库,货款尚未支付,月末仍未收到相关发票凭证,按照计划成本暂估入账,即借记“原材料”账户,贷记“应付账款”等账户。下月初做相反分录予以冲回,收到账单后再编制会计分录。

2. 材料尚未验收入库

如果相关发票凭证已到,但材料尚未验收入库,按支付或应付的实际金额,借记“材料采购”账户,贷记“银行存款”、“应付账款”等账户;待验收入库时再做后续分录。对于可以抵扣的增值税进项税额,一般纳税人企业应根据收到的增值税专用发票上注明的增值税额,借记“应交税费——应交增值税(进项税额)”账户。

## 第五节　生产业务的核算

生产过程是工业企业生产经营过程的主要阶段,是联系供应过程和销售过程的中心环节。

企业产品的生产过程同时也是生产资料的耗费过程。企业在生产过程中发生的各项生产费用,是企业为获得收入而预先垫支并需要得到补偿的资金耗费。这些费用最终都要归集、分配给特定的产品,形成产品的成本。

产品成本的核算是指把一定时期内企业生产过程中所发生的费用,按其性质和发生地点,分类归集、汇总、核算,计算出该时期内生产费用的发生总额,并按适当方法分别计算出各种产品的实际成本和单位成本等。

## 一、生产费用的构成

生产费用是指与企业日常生产经营活动有关的费用,按其经济用途可分为直接材料、直接人工和制造费用。

### (一) 直接材料

直接材料是指构成产品实体的原材料,以及有助于产品形成的主要材料和辅助材料。

### (二) 直接人工

直接人工是指直接从事产品生产的工人的职工薪酬。

### (三) 制造费用

制造费用是指企业为生产产品和提供劳务而发生的各项间接费用。

## 二、账户设置

企业通常设置以下账户对生产费用业务进行会计核算。



1. “生产成本”账户

“生产成本”账户属于成本类账户,用以核算企业生产各种产品(产成品、自制半成品等)、自制材料、自制工具、自制设备等发生的各项生产成本。

该账户的借方登记应计入产品生产成本的各项费用,包括直接计入产品生产成本的直接材料费、直接人工费和其他直接支出,以及期末按照一定的方法分配计入产品生产成本的制造费用,贷方登记完工入库产成品应结转的生产成本;期末余额在借方,反映企业期末尚未加工完成的在产品成本。

该账户可按基本生产成本和辅助生产成本进行明细分类核算。基本生产成本应当分别按照基本生产车间和成本核算对象(如产品的品种、类别、订单、批别、生产阶段等)设置明细账(或成本计算单),并按照规定的成本项目设置专栏。其结构如下。

| 借方　　　　生产成本 | 贷方 |
| --- | --- |
| 生产产品直接耗用的材料费和人工费月末转入的制造费用 | 月末转出的完工入库产品的成本 |
| 余额:表示尚未完工的在产品成本 | |

2. “制造费用”账户

“制造费用”账户属于成本类账户,用以核算企业生产车间(部门)为生产产品和提供劳务而发生的各项间接费用。

该账户的借方登记实际发生的各项制造费用,贷方登记期末按照一定标准分配转入“生产成本”账户借方的应计入产品成本的制造费用。期末结转后,该账户一般无余额。

该账户可按不同的生产车间、部门和费用项目进行明细核算。其结构如下。

制造费用

| 借方 | 贷方 |
|---|---|
| 车间发生的各项间接费用 | 月末分配转入“生产成本”账户的费用 |
| 0 | |

3. “库存商品”账户

“库存商品”账户属于资产类账户，用以核算企业库存的各种商品的实际成本（或进价）或计划成本（或售价），包括库存产成品、外购商品、存放在门市部准备出售的商品、发出展览的商品，以及寄存在外的商品等。

该账户的借方登记验收入库的库存商品成本，贷方登记发出的库存商品成本；期末余额在借方，反映企业期末库存商品的实际成本（或进价）或计划成本（或售价）。

该账户可按库存商品的种类、品种和规格等进行明细核算。其结构如下。

库存商品

| 借方 | 贷方 |
|---|---|
| 验收入库的库存商品的成本 | 发出库存商品的成本 |
| 余额：表示库存商品的成本 | |

4. “应付职工薪酬”账户

“应付职工薪酬”账户属于负债类账户，用以核算企业根据有关规定应付给职工的各种薪酬。

该账户的借方登记本月实际支付的职工薪酬数额，贷方登记本月计算的应付职工薪酬总额，包括各种工资、奖金、津贴和福利费等；期末余额在贷方，反映企业应付未付的职工薪酬。

该账户可按“工资”、“职工福利”、“社会保险费”、“住房公积金”、“工会经费”、“职工教育经费”、“非货币性福利”、“辞退福利”、“股份支付”等进行明细核算。其结构如下。

应付职工薪酬

| 借方 | 贷方 |
|---|---|
| 实际支付的工资、福利费、工会经费、职工教育经费等 | 应付给职工的工资，提取的职工福利费、工会经费等 |
| | 余额：表示应付未付的职工薪酬 |

## 三、主要业务的核算

### （一）材料费用的归集与分配

在确定材料费用时，应根据领料凭证区分车间、部门和不同用途后，按照确定的结果将发出材料的成本借记“生产成本”、“制造费用”、“管理费用”等账户，贷记“原材料”等账户。

**例 5－13**　10 月末，根据领料凭证汇总表，本月领料情况：A 产品耗用乙材料 300 千克，单价 60 元，计 18 000 元；B 产品耗用甲材料 811 千克，单价 50 元，计 40 550 元；车间一般耗用丙材料 100 千克，单价 20 元，计 2 000 元。

该项经济业务表明，仓库发出材料使库存材料减少。由于生产A产品、B产品耗用的材料属于产品制造成本中的直接材料费用，应直接记入"生产成本"账户的借方，车间一般耗用材料属于间接费用，应记入"制造费用"账户的借方；同时，库存材料减少要贷记"原材料"账户。应编制会计分录如下。

借：生产成本——基本生产——A产品　　18 000
　　　　　　　　　　　——B产品　　40 550
　　制造费用　　2 000
　贷：原材料——乙材料　　18 000
　　　　　　——甲材料　　40 550
　　　　　　——丙材料　　2 000

对于直接用于某种产品生产的材料费用，应直接计入该产品生产成本明细账中的直接材料费用项目；对于由多种产品共同耗用、应由这些产品共同负担的材料费用，应选择适当的标准在这些产品之间进行分配，按分担的金额计入相应的成本计算对象（生产产品的品种、类别等）；对于为提供生产条件等间接消耗的各种材料费用，应先通过"制造费用"账户进行归集，期末再同其他间接费用一起按照一定的标准分配计入有关产品成本；对于行政管理部门领用的材料费用，应记入"管理费用"账户。



### （二）职工薪酬的归集与分配

职工薪酬是指企业为获得职工提供的服务或解除劳动关系而给予各种形式的报酬或补偿，具体包括短期薪酬、离职后福利、辞退福利和其他长期职工福利。企业提供给职工配偶、子女、受赡养人、已故员工遗属及其他受益人等的福利，也属于职工薪酬。

对于短期职工薪酬，企业应在职工为其提供服务的会计期间，按实际发生额确认为负债，并计入当期损益或相关资产成本。企业应根据职工提供服务的受益对象，分以下情况处理。

① 应由生产产品、提供劳务负担的短期职工薪酬，计入产品成本或劳务成本。其中，生产工人的短期职工薪酬应借记"生产成本"账户，贷记"应付职工薪酬"账户；生产车间管理人员的短期职工薪酬属于间接费用，应借记"制造费用"账户，贷记"应付职工薪酬"账户。

当企业采用计件工资制时，生产工人的短期职工薪酬属于直接费用，应直接计入有关产品的成本。当企业采用计时工资制时，对于只生产一种产品的生产工人的短期职工薪酬也属于直接费用，应直接计入产品成本；对于同时生产多种产品的生产工人的短期职工薪酬，则需采用一定的分配标准（实际生产工时或定额生产工时等）分配计入产品成本。

② 应由在建工程、无形资产负担的短期职工薪酬，计入建造固定资产或无形资产成本。

③ 除上述两种情况之外的其他短期职工薪酬应计入当期损益。例如，企业行政管理部门人员和专设销售机构销售人员的短期职工薪酬均属于期间费用，应分别借记"管理费用"、"销售费用"等账户，贷记"应付职工薪酬"账户。

**例5－14**　10月末，按工资用途分配本月应付职工工资51 000元，分配情况如下：生产A产品的工人的工资18 000元，生产B产品的工人的工资25 000元，车间管理人员工资5 000元，厂部管理人员工资3 000元。

该项经济业务表明，生产工人工资是直接费用中的"直接工资"项目，应记入"生产成本”账户的借方；车间管理人员工资属间接费用，记入“制造费用”账户的借方；行政管理人员工资属期间费用，应记入“管理费用”账户的借方；同时，企业本月发生的应付给职工工资形成了企业的一项负债，应贷记“应付职工薪酬”账户。应编制以下会计分录。

借：生产成本——基本生产成本——A 产品　　18 000
　　　　　　　　　　　　　　——B 产品　　25 000
　　制造费用　　5 000
　　管理费用　　3 000
　　贷：应付职工薪酬　　51 000

**例 5－15**　10 月末，按工资总额的 14% 计提职工福利费，生产 A 产品的工人计提福利费 2 520 元；生产 B 产品的工人计提福利费 3 500 元；车间管理人员工资计提福利费 700 元；行政管理人员工资计提福利费 420 元。

该项经济业务表明，按生产工人工资计提的福利费是直接费用中的“直接工资”项目，应记入“生产成本”账户的借方；按车间管理人员工资计提的福利费属间接费用，记入“制造费用”账户的借方；按厂部管理人员工资计提的福利费属期间费用，应记入“管理费用”账户的借方；同时，企业本月计提的福利费，形成企业的一项负债，贷记“应付职工薪酬”账户。应编制以下会计分录。



借：生产成本——基本生产成本——A 产品　　2 520
　　　　　　　　　　　　　　——B 产品　　3 500
　　制造费用　　700
　　管理费用　　420
　　贷：应付职工薪酬　　7 140

**例 5－16**　10 月 15 日，开出现金支票，从银行提取现金 51 000 元发放工资。

该项经济业务表明，一方面企业开出现金支票到银行提现金，使现金增加，借记“库存现金”账户，同时使存款减少，贷记“银行存款”账户；另一方面，工资发放给职工，使应付职工工资的债务减少，借记“应付职工薪酬”账户，同时以现金支付，使其减少，贷记“库存现金”账户。应编制以下会计分录。

借：库存现金　　51 000
　　贷：银行存款　　51 000
借：应付职工薪酬——工资　　51 000
　　贷：库存现金　　51 000

**小思考**

通过银行转账将工资转到职工个人工资卡中，该如何进行账务处理？

### （三）制造费用的归集与分配

企业发生的制造费用，应当按照合理的分配标准按月分配计入各成本核算对象的生产成本。企业可以采取的分配标准包括机器工时、人工工时、计划分配率等。

企业发生制造费用时，借记“制造费用”账户，贷记“累计折旧”、“银行存款”、“应付职工薪酬”等账户；结转或分摊时，借记“生产成本”等账户，贷记“制造费用”账户。

**例 5－17** 10 月 31 日，按规定计提本月固定资产折旧费，其中，生产车间使用的固定资产应计提折旧费 3 600 元。

该项经济业务表明，车间固定资产计提的折旧费属于间接费用，记入“制造费用”账户的借方；同时表明固定资产由于使用价值损耗，通过计提折旧的形式表现出来，所以，贷记“累计折旧”账户。应编制以下会计分录。

借：制造费用——折旧费　　3 600
　　贷：累计折旧　　3 600

**例 5－18** 10 月 31 日，以银行存款支付办公用品费，其中，车间 2 500 元。

该项经济业务表明，购买办公用品、车间办公用品费属于与生产产品有关的间接费用，借记“制造费用”账户，同时以银行存款支付，贷记“银行存款”账户。应编制以下会计分录。



借：制造费用——办公费　　2 500
　　贷：银行存款　　2 500

**例 5－19** 10 月 31 日，以银行存款支付应由本月负担的财产保险费，其中，生产车间 2 850 元。

该项经济业务表明，把本月负担的车间保险费记入“制造费用”账户的借方，同时以银行存款支付，贷记“银行存款”账户。应编制以下会计分录。

借：制造费用——保险费　　2 850
　　贷：银行存款　　2 850

**例 5－20** 10 月 31 日，以银行存款支付本月电费计 3 400 元，其中，车间用电 2 800 元。

该项经济业务的发生，使车间电费增加，记入“制造费用”账户的借方，同时使银行存款减少，贷记“银行存款”账户。应编制以下会计分录。

借：制造费用——电费　　2 800
　　贷：银行存款　　2 800

**例 5－21** 10 月 31 日，将本月发生的制造费用，通过分配转入 A、B 两种产品成本中去。其中，A 产品生产工时为 4 200 工时，B 产品生产工时为 3 580 工时，要求按产品生产工时将制造费用在 A、B 两种产品之间进行分配。

本月制造费用通过 T 型账户归集本月制造费用，如下。

| 借方 | 制造费用 | 贷方 |
| --- | --- | --- |
| 例 5 -13→ | 2 000 | | |
| 例 5 -14→ | 5 000 | | |
| 例 5 -15→ | 700 | | |
| 例 5 -17→ | 3 600 | | |
| 例 5 -18→ | 2 500 | | |
| 例 5 -19→ | 2 850 | | |
| 例 5 -20→ | 2 800 | | |
| | | 例 5 -21→ | 19 450 |
| | 19 450 | | 19 450 |
| | 0 | | |

通过以上归集可以看出"制造费用"本月借方发生额合计为 19 450 元。按产品生产工时进行分配。其计算如下。

制造费用分配率 =19 450 ÷(4 200 +3 580) =2.5(元/工时)

A 产品负担的制造费用 =4 200 ×2.5 =10 500(元)

B 产品负担的制造费用 =3 580 ×2.5 =8 950(元)

该项经济业务表明,制造费用属于间接费用,月末要经归集分配后计入产品生产成本,使产品生产成本增加,借记"生产成本"账户;同时,制造费用经分配结转后减少,贷记"制造费用"账户,结转后无余额。应编制以下会计分录。

借:生产成本——基本生产成本——A 产品　　10 500

　　　　　　　　　　　　　——B 产品　　8 950

　贷:制造费用　　19 450

### (四) 完工产品生产成本的计算与结转

产品生产成本计算是指将企业生产过程中为制造产品所发生的各种费用按照成本计算对象进行归集和分配,以便计算各种产品的总成本和单位成本。有关产品成本信息是进行库存商品计价和确定销售成本的依据,产品生产成本计算是会计核算的一项重要内容。

企业应设置产品生产成本明细账,用来归集应计入各种产品的生产费用。通过对材料费用、职工薪酬和制造费用的归集和分配,企业各月生产产品所发生的生产费用已记入"生产成本"账户。

如果月末某种产品全部完工,该种产品生产成本明细账所归集的费用总额,就是该种完工产品的总成本,用完工产品总成本除以该种产品的完工总产量,即可计算出该种产品的单位成本。如果月末某种产品全部未完工,该种产品生产成本明细账所归集的费用总额就是该种产品在产品的总成本。

如果月末某种产品一部分完工,一部分未完工,这时归集在产品成本明细账中的费用总额还要采取适当的分配方法在完工产品和在产品之间进行分配,然后才能计算出完工产品的总成本和单位成本。完工产品成本的基本计算公式如下。

完工产品生产成本 = 期初在产品成本 + 本期发生的生产费用 - 期末在产品成本

当产品生产完成并验收入库时，借记“库存商品”账户，贷记“生产成本”账户。

**例 5 - 22**　10 月 31 日，结转本月完工入库 A 产品、B 产品的制造成本。A 产品、B 产品全部完工，A 产品、B 产品成本，月末可通过生产成本丁字形账户归集如下。

借方　　生产成本——基本生产成本——A 产品　　贷方

| 借方 | | 贷方 | |
|---|---|---|---|
| 例 5 -13→ | 18 000 | | |
| 例 5 -14→ | 18 000 | | |
| 例 5 -15→ | 2 520 | | |
| 例 5 -21→ | 10 500 | | |
| | | 例 5 -22→ | 49 020 |
| | 49 020 | | 49 020 |
| | 0 | | |

借方　　生产成本——基本生产成本——B 产品　　贷方

| 借方 | | 贷方 | |
|---|---|---|---|
| 例 5 -13→ | 40 550 | | |
| 例 5 -14→ | 25 000 | | |
| 例 5 -15→ | 3 500 | | |
| 例 5 -21→ | 8 950 | | |
| | | 例 5 -22→ | 78 000 |
| | 78 000 | | 78 000 |
| | 0 | | |

该项经济业务表明，产品完工入库使完工产品成本增加，借记“库存商品”账户，同时使制造成本减少，贷记“生产成本”账户。“生产成本”经归集后全部转入“库存商品”账户后无余额。应编制以下会计分录。

借：库存商品——A 产品　　49 020
　　　　　——B 产品　　78 000
　贷：生产成本——基本生产成本——A 产品　　49 020
　　　　　　　　　　　　　——B 产品　　78 000

## 第六节　销售业务的核算

销售业务的核算涉及商品销售、其他销售等业务收入、成本、费用和相关税费的确认与计量等内容。

### 一、商品销售收入的确认与计量

企业销售商品收入的确认，必须同时符合这些条件：企业已将商品所有权上的主要风险和报酬转移给购货方；企业既没有保留通常与商品所有权相联系的继续管理权，也没有对已售出的商品实施控制；收入的金额能够可靠地计量；相关的经济利益很可能流入企业；相关的已发生或将发生的成本能够可靠地计量。

## 二、账户设置

企业通常设置以下账户对销售业务进行会计核算。

1. “主营业务收入”账户

“主营业务收入”账户属于损益类账户，用以核算企业确认的销售商品、提供劳务等主营业务的收入。

该账户的贷方登记企业实现的主营业务收入，即主营业务收入的增加额，借方登记期末转入“本年利润”账户的主营业务收入（按净额结转），以及发生销售退回和销售折让时应冲减本期的主营业务收入；期末结转后，该账户无余额。

该账户应按照主营业务的种类设置明细账户，进行明细分类核算。其结构如下。

| 借方　　　　主营业务收入 | 贷方 |
|---|---|
| 期末转入“本年利润”账户的收入 | 销售产品所实现的销售收入 |
| | 0 |

2. “其他业务收入”账户

“其他业务收入”账户属于损益类账户，用以核算企业确认的除主营业务活动以外的其他经营活动实现的收入，包括出租固定资产、出租无形资产、出租包装物和商品、销售材料等。

该账户的贷方登记企业实现的其他业务收入，即其他业务收入的增加额，借方登记期末转入“本年利润”账户的其他业务收入；期末结转后，该账户无余额。

该账户可按其他业务的种类设置明细账户，进行明细分类核算。其结构如下。

| 借方　　　　其他业务收入 | 贷方 |
|---|---|
| 期末转入“本年利润”账户的收入 | 实现的其他业务收入 |
| | 0 |

3. “应收账款”账户

“应收账款”账户属于资产类账户，用以核算企业因销售商品、提供劳务等经营活动应收取的款项。

该账户的借方登记由于销售商品、提供劳务等发生的应收账款，包括应收取的价款、税款和代垫款等，贷方登记已经收回的应收账款；期末余额通常在借方，反映企业尚未收回的应收账款，期末余额如果在贷方，反映企业预收的账款。

该账户应按不同的债务人进行明细分类核算。其结构如下。

| 借方 | 应收账款 贷方 |
| --- | --- |
| 应收回的价款、税款和代垫款等 | 已收回的应收账款 |
| 尚未收回的款项 | |

4. "应收票据"账户

"应收票据"账户属于资产类账户,用以核算企业因销售商品、提供劳务等而收到的商业汇票。

该账户的借方登记企业收到的应收票据,贷方登记票据到期收回的应收票据;期末余额在借方,反映企业持有的商业汇票的票面金额。

该账户可按开出、承兑商业汇票的单位进行明细核算。其结构如下。

| 借方 | 应收票据 贷方 |
| --- | --- |
| 从购货单位收取的应收票据 | 票据到期收回的应收票据 |
| 余额:反映企业持有的商业汇票的票面金额 | |



5. "预收账款"账户

"预收账款"账户属于负债类账户,用以核算企业按照合同规定预收的款项。预收账款情况不多的,也可以不设置本账户,将预收的款项直接记入"应收账款"账户。

该账户的贷方登记企业向购货单位预收的款项等,借方登记销售实现时按实现的收入转销的预收款项等;期末余额在贷方,反映企业预收的款项,期末余额在借方,反映企业已转销但尚未收取的款项。

该账户可按购货单位进行明细核算。其结构如下。

| 借方 | 预收账款 贷方 |
| --- | --- |
| 转销的预收款项 | 预收的款项 |
| 余额:反映企业已转销尚未收取的款项 | 余额:反映企业预收的款项 |

6. "主营业务成本"账户

"主营业务成本"账户属于损益类账户,用以核算企业确认销售商品、提供劳务等主营业务收入时应结转的成本。

该账户的借方登记主营业务发生的实际成本,贷方登记期末转入"本年利润"账户的主营业务成本;期末结转后,该账户无余额。

该账户可按主营业务的种类设置明细账户,进行明细分类核算。其结构如下。

| 借方 | 主营业务成本 贷方 |
| --- | --- |
| 主营业务发生的实际成本 | 期末转入"本年利润"账户的销售成本 |
| 0 | |

7. “其他业务成本”账户

“其他业务成本”账户属于损益类账户，用以核算企业确认的除主营业务活动以外的其他经营活动所发生的支出，包括销售材料的成本、出租固定资产的折旧额、出租无形资产的摊销额、出租包装物的成本或摊销额等。

该账户的借方登记其他业务的支出额，贷方登记期末转入“本年利润”账户的其他业务支出额；期末结转后，该账户无余额。

该账户可按其他业务的种类设置明细账户，进行明细分类核算。其结构如下。

| 借方　　其他业务成本 | 贷方 |
|---|---|
| 发生的其他业务支出额 | 期末转入“本年利润”账户的支出额 |
| 0 | |

8. “营业税金及附加”账户

“营业税金及附加”账户属于损益类账户，用以核算企业经营活动发生的营业税、消费税、城市维护建设税、资源税和教育费附加等相关税费。需注意的是，房产税、车船使用税、土地使用税、印花税通过“管理费用”账户核算，但与投资性房地产相关的房产税、土地使用税通过该账户核算。

该账户的借方登记企业应按规定计算确定的与经营活动相关的税费，贷方登记期末转入“本年利润”账户的与经营活动相关的税费；期末结转后，该账户无余额。其结构如下。

| 借方　　营业税金及附加 | 贷方 |
|---|---|
| 按规定计算确定的与经营活动相关的税费 | 期末转入“本年利润”账户的与经营活动相关的税费 |
| 0 | |

## 三、主要业务的核算

### （一）主营业务收入的核算

企业销售商品或提供劳务实现的收入，应按实际收到、应收或预收的金额，借记“银行存款”、“应收账款”、“应收票据”、“预收账款”等账户，按确认的营业收入，贷记“主营业务收入”账户。

对于增值税销项税额，一般纳税人应贷记“应交税费——应交增值税（销项税额）”账户；小规模纳税人应贷记“应交税费——应交增值税”账户。

**例 5-23**　中东公司销售给光大公司 A 产品 300 箱，单位售价 500 元，计 150 000 元，增值税率 17%，款项收到存入银行。

该项经济业务表明，销售取得的价款存入银行，使存款增加，借记“银行存款”账户，同时实现产品销售，使收入增加，贷记“主营业务收入”账户，按销售额计算应缴纳的增值税，形成负债，记入“应交税费”账户的贷方。应编制以下会计分录。

借:银行存款 175 500

贷:主营业务收入——A 产品 150 000

应交税费——应交增值税(销项税额) 25 500

**例 5-24** 5月20日,中东公司销售给长城公司A产品100箱,每箱单位售价500元,计50 000元;B产品50箱,每箱单位售价400元,计20 000元,增值税率17%,以存款代购货方垫付运杂费600元,价款及运杂费一并向银行办妥托收手续,取回回单。

该项经济业务表明,对外销售产品,款项未收到,借记"应收账款"账户,同时,也使收入增加,取得的收入记入"主营业务收入"账户的贷方,按销货款计算应缴的增值税,形成负债,记入"应交税费——应交增值税"账户的贷方,另由于代购货方垫付运费,贷记"银行存款"账户。应编制以下会计分录。

借:应收账款——长城 82 500

贷:主营业务收入——A 产品 50 000

——B 产品 20 000

应交税费——应交增值税(销项税额) 11 900

银行存款 600



### (二) 主营业务成本的核算

期(月)末,企业应根据本期(月)销售各种商品、提供各种劳务等实际成本,计算应结转的主营业务成本,借记"主营业务成本"账户,贷记"库存商品"、"劳务成本"等账户。

采用计划成本或售价核算库存商品的,平时的营业成本按计划成本或售价结转,月末,还应结转本月销售商品应分摊的产品成本差异或商品进销差价。

**例 5-25** 月底结转本月已销产品的销售成本,其中,A产品成本为96 000元,B产品成本为13 000元。

该项经济业务表明,本月销售产品的成本应作为期间成本列入当期利润表,与当期主营业务收入相配比。对于已销产品成本,应记入"主营业务成本"账户的借方,同时,因销售而使企业库存商品减少,应记入"库存商品"账户的贷方。应编制以下会计分录。

借:主营业务成本——A 产品 96 000

——B 产品 13 000

贷:库存商品——A 产品 96 000

——B 产品 13 000

### (三) 其他业务收入与成本的核算

主营业务和其他业务的划分并不是绝对的,一个企业的主营业务可能是另一个企业的其他业务,即便在同一个企业,不同期间的主营业务和其他业务的内容也不是固定不变的。

当企业发生其他业务收入时,借记"银行存款"、"应收账款"、"应收票据"等账户,按确定的收入金额,贷记"其他业务收入"账户,同时确认有关税金;在结转其他业务收入的同一会计期间,企业应根据本期应结转的其他业务成本金额,借记"其他业务成本"账户,贷记"原材料"、"累计折旧"、"应付职工薪酬"等账户。

**例 5－26**　中东公司将不需用的甲材料 1 000 千克销售给一洋公司，每千克售价为 60 元，开出增值税专用发票，计总价款为 60 000 元，增值税率 17%，价款收到存入银行。每千克进价为 45 元，计总成本为 45 000 元。结转本月销售不需用的甲材料成本。

该项经济业务表明，不需用的材料对外销售，收到的价款存入银行，借记“银行存款”账户；同时，也使收入增加，但该项业务属除产品销售以外的其他销售业务，取得的收入记入“其他业务收入”账户的贷方；按销货款计算应缴的增值税，形成负债，记入“应交税费——应交增值税”账户的贷方。其销售属于其他销售，结转其成本，记入“其他业务成本”账户的借方；同时，销售材料使原材料减少，贷记“原材料”账户。应编制以下会计分录。

借：银行存款　　70 200
　贷：其他业务收入——甲材料　　60 000
　　应交税费——应交增值税（销项税额）　　10 200
借：其他业务成本——甲材料　　45 000
　贷：原材料——甲材料　　45 000

## 第七节　期间费用的核算

### 一、期间费用的构成

期间费用是指企业日常活动中不能直接归属于某个特定成本核算对象的，在发生时应直接计入当期损益的各种费用。期间费用包括管理费用、销售费用和财务费用。管理费用是指企业为组织和管理企业生产经营活动所发生的各种费用；销售费用是指企业销售商品和材料、提供劳务的过程中发生的各种费用；财务费用是指企业为筹集生产经营所需资金等而发生的筹资费用。

### 二、账户设置

企业通常设置以下账户对期间费用业务进行会计核算。

1. “管理费用”账户

“管理费用”账户属于损益类账户，用以核算企业为组织和管理企业生产经营所发生的管理费用。

该账户的借方登记发生的各项管理费用，贷方登记期末转入“本年利润”账户的管理费用额；期末结转后，该账户无余额。

该账户可按费用项目设置明细账户，进行明细分类核算。其结构如下。

| 借方　　管理费用 | 贷方 |
|---|---|
| 企业发生的各项管理费用 | 期末转入“本年利润”账户的管理费用 |
| 0 | |

2. “销售费用”账户

“销售费用”账户属于损益类账户，用以核算企业发生的各项销售费用。

该账户的借方登记发生的各项销售费用，贷方登记期末转入“本年利润”账户的销售费用额；期末结转后，该账户无余额。

该账户可按费用项目设置明细账户，进行明细分类核算。其结构如下。

| 借方　　　　　　　销售费用 | 贷方 |
|---|---|
| 企业发生的各项销售费用 | 期末转入“本年利润”账户的费用 |
| 0 | |

3. “财务费用”账户

“财务费用”账户属于损益类账户，用以核算企业为筹集生产经营所需资金等而发生的筹资费用，包括利息支出（减利息收入）、汇兑损益，以及相关的手续费、企业发生的现金折扣或收到的现金折扣等。为购建或生产满足资本化条件的资产发生的应予资本化的借款费用，通过“在建工程”、“制造费用”等账户核算。

该账户的借方登记手续费、利息费用等的增加额，贷方登记应冲减财务费用的利息收入等；期末结转后，该账户无余额。

该账户可按费用项目进行明细核算。其结构如下。

| 借方　　　　　　　财务费用 | 贷方 |
|---|---|
| 企业发生的手续费、利息费用等 | 利息收入、期末转入“本年利润”账户的费用 |
| 0 | |

## 三、主要业务的核算

### （一）管理费用的核算

企业在筹建期间内发生的开办费，包括人员工资、办公费、培训费、差旅费、印刷费、注册登记费，以及不计入固定资产成本的借款费用等在实际发生时，借记“管理费用”账户，贷记“应付利息”、“银行存款”等账户。

行政管理部门人员的职工薪酬，借记“管理费用”科目，贷记“应付职工薪酬”科目。

行政管理部门计提的固定资产折旧，借记“管理费用”科目，贷记“累计折旧”科目。

行政管理部门发生的办公费、水电费、业务招待费、聘请中介机构费、咨询费、诉讼费、技术转让费、企业研究费用，借记“管理费用”账户，贷记“银行存款”、“研发支出”等账户。

**例 5－27**　按规定计提本月固定资产折旧费，其中，行政管理部门使用的固定资产计提折旧费为 1 700 元。

该项经济业务表明，行政管理部门的固定资产计提的折旧费，属于期间费用，记入“管理费用”账户的借方，同时表明固定资产由于使用价值损耗，通过计提折旧的形式表现出来，所以，贷记“累计折旧”账户。应编制以下会计分录。

借：管理费用——折旧费　　　　　　　　1 700

　贷：累计折旧　　　　　　　　　　　　　　1700

**例 5-28**　采购员张平出差预借差旅费 1 500 元,财务科以现金支付。

该项经济业务表明,采购员预借差旅费是暂付款项,以后是要报销的,应通过"其他应收款"账户进行核算,预付时记入"其他应收款"账户的借方,由于以现金支付,贷记"库存现金"账户。应编制以下会计分录。

借:其他应收款——张平　　1 500

　贷:库存现金　　1 500

**例 5-29**　采购员张平出差归来,报销差旅费 1 150 元,交回现金 350 元。

该项经济业务表明,张平出差归来报销差旅费,表示差旅费增加,借记"管理费用"账户,同时财务科收回余款,借记"现金"账户,暂付款收回,一部分是有关出差的票据,一部分是现金,表示应收款项收回,贷记"其他应收款"账户。应编制以下会计分录。

借:管理费用——差旅费　　1 150

　库存现金　　350

　贷:其他应收款——张平　　1 500



**小思考**

如果张平出差归来报销 1 680 元,该如何进行账务处理?

**例 5-30**　以库存现金支付行政管理部门发生的办公费 850 元。

该项经济业务表明,行政管理部门发生的办公费属于期间费用,借记"管理费用"账户,用现金支付的,贷记"库存现金"账户,应编制以下会计分录。

借:管理费用——办公费　　850

　贷:库存现金　　850

**(二)销售费用的核算**

企业在销售商品过程中发生的包装费、保险费、展览费和广告费、运输费、装卸费等费用,借记"销售费用"账户,贷记"库存现金"、"银行存款"等账户。

企业发生的为销售本企业商品而专设的销售机构的职工薪酬、业务费等费用,借记"销售费用"账户,贷记"应付职工薪酬"、"银行存款"、"累计折旧"等账户。

**例 5-31**　中东公司以银行存款支付为销售产品而发生的广告费 2 000 元。

该项经济业务表明,支付销售产品而发生的广告费属于销售过程中的期间费用,记入"销售费用"账户的借方,同时存款减少,贷记"银行存款"账户。应编制以下会计分录。

借:销售费用——广告费　　2 000

　贷:银行存款　　2 000

**例 5-32**　中东公司以银行存款支付为销售产品而发生的展览费 1 000 元。

该项经济业务表明,支付销售产品而发生的展览费属于销售过程中的期间费用,记入

“销售费用”账户的借方,同时存款减少,贷记“银行存款”账户。应编制以下会计分录。

借:销售费用——展览费　　1 000

　　贷:银行存款　　1 000

### (三) 财务费用的核算

企业发生的财务费用,借记“财务费用”账户,贷记“银行存款”、“应付利息”等账户。发生的应冲减财务费用的利息收入、汇兑损益、现金折扣,借记“银行存款”、“应付账款”等账户,贷记“财务费用”账户。

***例 5－33*** 12 月 20 日,预提本月应负担的短期借款利息 4 500 元。

该项经济业务表明,企业从银行借入短期借款,按规定一般采取按季结算利息的办法,按权责发生制的要求,采取每月预提方式,计入财务费用,由于短期借款利息属于企业筹集资金发生的费用,应记入“财务费用”账户的借方,同时利息尚未支付,表示负债增加,贷记“应付利息”账户。应编制以下会计分录。

借:财务费用——利息费　　4 500

　　贷:应付利息　　4 500



***例 5－34*** 12 月 21 日,以银行存款支付本季度短期借款利息 13 500 元。

该项经济业务表明,企业从银行借入短期借款,按季结算利息,按权责发生制的要求,采取每月预提方式,已记入“财务费用”账户,同时每月利息尚未支付,暂记入“应付利息”账户。到季末支付一个季度利息,表示借款利息这项负债减少,借记“应付利息”账户,同时贷记“银行存款”账户。编制以下会计分录。

借:应付利息　　13 500

　　贷:银行存款　　13 500

## 第八节　利润形成与分配业务的核算

### 一、利润形成的核算

#### (一) 利润的形成

利润是指企业在一定会计期间的经营成果,包括收入减去费用后的净额、直接计入当期损益的利得和损失等。它是反映企业工作质量和经营管理者业绩的一个重要指标。企业生产经营活动的主要目的就是不断地提高企业的盈利水平,增加企业的获利能力与偿债能力。只有最大限度地获取利润,才能为国家积累资金,促进社会生产发展。因此,利润水平的高低对于企业和整个社会来说都是至关重要的。

利润由营业利润、利润总额和净利润 3 个层次构成。

1. 营业利润

营业利润这一指标能够比较恰当地反映企业管理者的经营业绩,其计算公式如下。

营业利润＝营业收入－营业成本－营业税金及附加－销售费用－管理费用－财务费用－

资产减值损失+公允价值变动收益(-公允价值变动损失)+投资收益(-投资损失)

式中,营业收入=主营业务收入+其他业务收入

营业成本=主营业务成本+其他业务成本

2. 利润总额

利润总额,又称税前利润,是营业利润加上营业外收入减去营业外支出后的金额,其计算公式如下。

利润总额=营业利润+营业外收入-营业外支出

3. 净利润

净利润,又称税后利润,是利润总额扣除所得税费用后的净额,其计算公式如下。

净利润=利润总额-所得税费用

### (二) 账户设置

企业通常设置以下账户对利润形成业务进行会计核算。

1. "本年利润"账户

"本年利润"账户属于所有者权益类账户,用以核算企业当期实现的净利润(或发生的净亏损)。企业期(月)末结转利润时,应将各损益类账户的金额转入本账户,结平各损益类账户。

该账户的贷方登记企业期(月)末转入的主营业务收入、其他业务收入、营业外收入和投资收益等;借方登记企业期(月)末转入的主营业务成本、营业税金及附加、其他业务成本、管理费用、财务费用、销售费用、营业外支出、投资损失和所得税费用等。上述结转完成后,余额在贷方,即为当期实现的净利润;余额如在借方,即为当期发生的净亏损。年度终了,应将本年收入和支出相抵后结出的本年实现的净利润(或发生的净亏损),转入"利润分配——未分配利润"账户的贷方(或借方),结转后本账户无余额。

其结构如下。

| 借方　　　　本年利润 | 贷方 |
|---|---|
| ① 发生的亏损<br>② 将全年实现的利润转入"利润分配"账户 | ① 实现的利润<br>② 将全年发生的亏损转入"利润分配"账户 |
| | 0 |

2. "投资收益"账户

"投资收益"账户属于损益类账户,用以核算企业确认的投资收益或投资损失。

该账户的贷方登记实现的投资收益和期末转入"本年利润"账户的投资净损失;借方登记发生的投资损失和期末转入"本年利润"账户的投资净收益。期末结转后,该账户无余额。

该账户可按投资项目设置明细账户,进行明细分类核算。其结构如下。

| 借方 投资收益 | 贷方 |
| --- | --- |
| 发生的投资损失,期末转入"本年利润"账户的净收益 | 取得的投资收益 |
| | 0 |

3. "营业外收入"账户

"营业外收入"账户属于损益类账户,用以核算企业发生的各项营业外收入,主要包括非流动资产处置利得、非货币性资产交换利得、债务重组利得、政府补助、盘盈利得、捐赠利得等。

该账户的贷方登记营业外收入的实现,即营业外收入的增加额,借方登记会计期末转入"本年利润"账户的营业外收入额;期末结转后,该账户无余额。

该账户可按营业外收入项目设置明细账户,进行明细分类核算。其结构如下。

| 借方 营业外收入 | 贷方 |
| --- | --- |
| 期末转入"本年利润"账户的收入 | 取得的营业外收入 |
| | 0 |



4. "营业外支出"账户

"营业外支出"账户属于损益类账户,用以核算企业发生的各项营业外支出,包括非流动资产处置损失、非货币性资产交换损失、债务重组损失、公益性捐赠支出、非常损失、盘亏损失等。

该账户的借方登记营业外支出的发生,即营业外支出的增加额,贷方登记期末转入"本年利润"账户的营业外支出额;期末结转后,该账户无余额。

该账户可按支出项目设置明细账户,进行明细分类核算。其结构如下。

| 借方 营业外支出 | 贷方 |
| --- | --- |
| 发生的各项营业外支出 | 期末转入"本年利润"账户的支出 |
| 0 | |

5. "所得税费用"账户

"所得税费用"账户属于损益类账户,用以核算企业确认的应从当期利润总额中扣除的所得税费用。

该账户的借方登记企业应计入当期损益的所得税,贷方登记企业期末转入"本年利润"账户的所得税;期末结转后,该账户无余额。其结构如下。

| 借方 所得税费用 | 贷方 |
| --- | --- |
| 企业本期应负担的税费 | 期末转入"本年利润"账户的所得税 |
| 0 | |

### （三）利润形成的核算

会计期末(月末或年末)结转各项收入时,借记“主营业务收入”、“其他业务收入”、“营业外收入”等账户,贷记“本年利润”账户;结转各项支出时,借记“本年利润”账户,贷记“主营业务成本”、“营业税金及附加”、“其他业务成本”、“管理费用”、“财务费用”、“销售费用”、“资产减值损失”、“营业外支出”、“所得税费用”等账户。

**例 5－35**　公司收到长城公司的违约金罚款收入 30 000 元存入银行。

该项经济业务表明,罚款收入使企业存款增加,借记“银行存款”账户;同时,罚款收入的增加,属于与生产经营无直接关系的收入增加,贷记“营业外收入”账户。应编制以下会计分录。

借:银行存款　　30 000

　贷:营业外收入——罚款收入　　30 000

**例 5－36**　公司将确实无法支付的应付款项 40 000 元经批准转销。

该项经济业务表明,应付款项无法支付出去,经批准予以转销,使企业负债减少,借记“应付账款”账户,同时,应付款项批准后转销,会使与生产经营无直接关系的收入增加,贷记“营业外收入”账户。应编制以下会计分录。

借:应付账款　　40 000

　贷:营业外收入　　40 000

**例 5－37**　5 月 27 日,公司用银行存款向灾区捐款 30 000 元。

该项经济业务表明,对外捐款属于与生产经营无直接关系的支出,应借记“营业外支出”账户,同时以存款支付,使存款减少,贷记“银行存款”账户。应编制以下会计分录。

借:营业外支出——捐款支出　　30 000

　贷:银行存款　　30 000

**例 5－38**　5 月 28 日,企业收到因对外投资分得的利润 80 000 元存入银行。

该项经济业务表明,利润存入银行,使存款增加,借记“银行存款”账户,同时对外投资分得的利润使投资收入增加,贷记“投资收益”账户。应编制以下会计分录。

借:银行存款　　80 000

　贷:投资收益　　80 000

**例 5－39**　5 月 31 日,企业以银行存款 4 000 元支付税务部门的由于迟交税金的罚款。

该项经济业务表明,罚款支出的增加,属于与生产经营无直接关系的支出,借记“营业外支出”账户,同时以存款支付,贷记“银行存款”账户。应编制以下会计分录。

借:营业外支出——罚款支出　　4 000

　贷:银行存款　　4 000

**例 5－40**　该公司期末各损益类账户本月发生额如下。

| | | | |
|---|---|---|---|
| 主营业务收入 | 220 000 | 主营业务成本 | 109 000 |
| 营业税金及附加 | 1 054 | 其他业务收入 | 60 000 |
| 投资收益 | 80 000 | 其他业务成本 | 45 000 |
| 营业外收入 | 70 000 | 管理费用 | 7 670 |
| 营业外支出 | 34 000 | 销售费用 | 3 000 |
| | | 财务费用 | 4 500 |

将损益类账户中的收入类账户余额结转入“本年利润”账户，应编制以下会计分录。

借：主营业务收入　　220 000
　　其他业务收入　　60 000
　　营业外收入　　70 000
　　投资收益　　80 000
　　贷：本年利润　　430 000

将损益类账户的支出类账户余额结转入“本年利润”账户，应编制以下会计分录。

借：本年利润　　204 224
　　贷：主营业务成本　　109 000
　　　　营业税金及附加　　1 054
　　　　其他业务成本　　45 000
　　　　管理费用　　7 670
　　　　销售费用　　3 000
　　　　财务费用　　4 500
　　　　营业外支出　　34 000

将所有损益类账户余额转入“本年利润”账户后，可以看出企业所有的收入和扣除所得税以外的支出都集中反映于“本年利润”账户中。该账户的贷方发生额，即收入合计数为430 000元；借方发生额合计数，即支出合计数为204 224元。根据收入与支出相抵即为利润（或亏损）的原理，则利润总额计算如下。

利润总额＝收入－支出
　　　　＝430 000－204 224
　　　　＝225 776（元）

以上所求即为企业12月份实现的利润总额。按前面公式计算利润总额如下。

营业收入＝220 000＋60 000＝280 000（元）

营业成本＝109 000＋45 000＝154 000（元）

营业利润＝280 000－154 000－1 054－7 670－3 000－4 500＋80 000
　　　　＝189 776（元）

利润总额＝189 776＋70 000－34 000＝225 776（元）

可见，两种方法的计算结果一样，企业实现了利润就要上缴所得税。

**例5－41**　按本期实现的利润总额225 776元的25%计算，并结转应缴所得税。

应缴所得税 =225 776 ×25% =56 444(元)

该项经济业务表明,期末计算出所得税,一方面表示所得税增加,记入“所得税费用”账户的借方,同时尚未交纳税金,负债形成,贷记“应交税费”账户;另一方面,“所得税费用”账户属于损益类账户,已到期末,要将其余额转入“本年利润”账户,需借记“本年利润”账户,贷记“所得税费用”账户。应编制以下会计分录。

借:所得税费用　　56 444

　　贷:应交税费——应交所得税　　56 444

借:本年利润　　56 444

　　贷:所得税费用　　56 444

根据以上资料计算本月实现的利润净额如下。

利润净额(净利润) =225 776 −56 444 =169 332(元)

## 二、利润分配的核算

利润分配是指企业根据国家有关规定和企业章程、投资者协议等,对企业当年可供分配利润指定其特定用途和分配给投资者的行为。利润分配的过程和结果不仅关系到每个股东的合法权益是否得到保障,而且还关系到企业的未来发展。



### (一) 利润分配的顺序

企业向投资者分配利润,应按一定的顺序进行。按照我国《公司法》的有关规定,利润分配应按下列顺序进行。

1. 计算可供分配的利润

企业在利润分配前,应根据本年净利润(或亏损)与年初未分配利润(或亏损)、其他转入的金额(如盈余公积弥补的亏损)等项目,计算可供分配的利润,即:

可供分配的利润 = 净利润(或亏损) + 年初未分配利润 − 弥补以前年度的亏损 + 其他转入的金额

如果可供分配的利润为负数(即累计亏损),则不能进行后续分配;如果可供分配利润为正数(即累计盈利),则可进行后续分配。

2. 提取法定盈余公积

按照《公司法》的有关规定,公司应当按照当年净利润(抵减年初累计亏损后)的 10% 提取法定盈余公积,提取的法定盈余公积累计额超过注册资本 50% 以上的,可以不再提取。

3. 提取任意盈余公积

公司提取法定盈余公积后,经股东会或股东大会决议,还可以从净利润中提取任意盈余公积。

4. 向投资者分配利润(或股利)

企业可供分配的利润扣除提取的盈余公积后,形成可供投资者分配的利润,即:

可供投资者分配的利润 = 可供分配的利润 − 提取的盈余公积

企业可采用现金股利、股票股利和财产股利等形式向投资者分配利润(或股利)。

## （二）账户设置

企业通常设置以下账户对利润分配业务进行会计核算。

1. “利润分配”账户

“利润分配”账户属于所有者权益类账户，用以核算企业利润的分配（或亏损的弥补）和历年分配（或弥补）后的余额。

该账户的借方登记实际分配的利润额，包括提取的盈余公积和分配给投资者的利润，以及年末从“本年利润”账户转入的全年发生的净亏损，贷方登记用盈余公积弥补的亏损额等其他转入数，以及年末从“本年利润”账户转入的全年实现的净利润。年末，应将“利润分配”账户下的其他明细账户的余额转入“未分配利润”明细账户，结转后，除“未分配利润”明细账户可能有余额外，其他各个明细账户均无余额。“未分配利润”明细账户的贷方余额为历年累积的未分配利润（即可供以后年度分配的利润），借方余额为历年累积的未弥补亏损（即留待以后年度弥补的亏损）。

该账户应当进行“提取法定盈余公积”、“提取任意盈余公积”、“应付现金股利或利润”、“转作股本的股利”、“盈余公积补亏”和“未分配利润”等明细核算。其结构如下。

借方　　利润分配　　贷方

| 借方 | 贷方 |
|---|---|
| 实际分配的利润额、年末从“本年利润”账户转入的全年发生的净亏损 | 用盈余公积弥补的亏损额等其他转入数、年末从“本年利润”账户转入的全年实现的净利润 |
| 余额：历年累积的未弥补亏损 | 余额：历年累积的未分配利润 |

2. “盈余公积”账户

“盈余公积”账户属于所有者权益类账户，用以核算企业从净利润中提取的盈余公积。

该账户的贷方登记提取的盈余公积，即盈余公积的增加额，借方登记实际使用的盈余公积，即盈余公积的减少额；期末余额在贷方，反映企业结余的盈余公积。该账户应当进行“法定盈余公积”、“任意盈余公积”明细核算。其结构如下。

借方　　盈余公积　　贷方

| 借方 | 贷方 |
|---|---|
| 实际使用的盈余公积 | 提取的盈余公积 |
| | 余额：结余的盈余公积 |

3. “应付股利”账户

“应付股利”账户属于负债类账户，用以核算企业分配的现金股利或利润。

该账户的贷方登记应付给投资者股利或利润的增加额，借方登记实际支付给投资者的股利或利润，即应付股利的减少额；期末余额在贷方，反映企业应付未付的现金股利或利润。

该账户可按投资者进行明细核算。其结构如下。

| 借方 | 应付股利　　　　贷方 |
|---|---|
| 实际支付给投资者的股利或利润 | 应付给投资者的股利或利润 |
| | 余额:企业应付未付的现金股利或利润 |

### (三) 利润分配的核算

1. 净利润转入利润分配

会计期末,企业应将当年实现的净利润转入“利润分配——未分配利润”账户,即借记“本年利润”账户,贷记“利润分配——未分配利润”账户,如为净亏损,则做相反会计分录。

结转前,如果“利润分配——未分配利润”账户的余额在借方,上述结转当年所实现净利润的分录同时反映了当年实现的净利润自动弥补以前年度亏损的情况。因此,在用当年实现的净利润弥补以前年度亏损时,无须另行编制会计分录。

**例 5-42**　公司将当年实现的利润净额 1 890 350 元,转入“利润分配——未分配利润”账户。

该项经济业务表明,将当年实现的利润净额 1 890 350 元,转入“利润分配——未分配利润”,一方面表示本年利润减少,借记“本年利润”账户,另一方面表示利润分配——未分配利润增加,贷记“利润分配——未分配利润”账户。应编制以下会计分录。

借:本年利润　　　　　　　　　　　　　　　　1 890 350

　　贷:利润分配——未分配利润　　　　　　　　　　1 890 350

2. 提取盈余公积

企业提取的法定盈余公积,借记“利润分配——提取法定盈余公积”账户,贷记“盈余公积——法定盈余公积”账户;提取的任意盈余公积,借记“利润分配——提取任意盈余公积”账户,贷记“盈余公积——任意盈余公积”账户。

**例 5-43**　企业按净利润 1 890 350 元的规定比例 10%提取法定盈余公积金。

该项经济业务表明,从净利润中提取公积金,一方面表示利润分配发生,记入“利润分配”账户的借方,另一方面表示盈余公积金增加,贷记“盈余公积”账户。应编制以下会计分录。

借:利润分配——提取盈余公积　　　　　　　　189 035

　　贷:盈余公积——法定盈余公积　　　　　　　　　189 035

3. 向投资者分配利润或股利

企业根据股东大会或类似机构审议批准的利润分配方案,按应支付的现金股利或利润,借记“利润分配——应付现金股利”账户,贷记“应付股利”等账户;以股票股利转作股本的金额,借记“利润分配——转作股本股利”账户,贷记“股本”等账户。

董事会或类似机构通过的利润分配方案中拟分配的现金股利或利润,不做账务处理,但应在附注中披露。

**例 5-44**　年末按规定计算出应付给投资者的利润 300 000 元。

该项经济业务表明，分给投资者利润，表示利润分配发生，借记“利润分配”账户，同时计算出应分给投资者的利润，尚未支付，形成企业的一项负债，贷记“应付股利”账户。编制以下会计分录。

借：利润分配——应付股利　　300 000

　　贷：应付股利　　300 000

4. 盈余公积补亏

企业发生的亏损，除用当年实现的净利润弥补外，还可使用累积的盈余公积弥补。以盈余公积弥补亏损时，借记“盈余公积”账户，贷记“利润分配——盈余公积补亏”账户。

5. 企业未分配利润的形成

年度终了，企业应将“利润分配”账户所属其他明细账户的余额转入该账户“未分配利润”明细账户，即借记“利润分配——未分配利润”、“利润分配——盈余公积补亏”等账户，贷记“利润分配——提取法定盈余公积”、“利润分配——提取任意盈余公积”、“利润分配——应付现金股利”、“利润分配——转作股本股利”等账户。

结转后，“利润分配”账户中除“未分配利润”明细账户外，所属其他明细账户无余额。“未分配利润”明细账户的贷方余额表示累积未分配的利润，该账户如果出现借方余额，则表示累积未弥补的亏损。



**例 5－45** 公司年度终了，将利润分配下的“提取盈余公积”189 035 元、“应付股利”300 000 元转入“利润分配——未分配利润”。

该项经济业务表明，年终结转一方面利润分配下的“提取盈余公积”和“应付股利”明细账户减少，贷记“利润分配——提取盈余公积”和“利润分配——应付股利”，另一方面利润分配下的“未分配利润”明细账户减少，借记“利润分配——未分配利润”账户。应编制以下会计分录。

借：利润分配——未分配利润　　489 035

　　贷：利润分配——提取盈余公积　　189 035

　　　　　　　　——应付股利　　300 000

## 课后训练

### 一、单选题

1. 某企业职工预借差旅费时，应借记(　　)。
   A. “财务费用”账户　　B. “其他应收款”账户
   C. “应收账款”账户　　D. “销售费用”账户
2. 职工薪酬不包括的内容是(　　)。
   A. 养老保险费等社会保险费　　B. 差旅费
   C. 因解除与职工的劳动关系给予的补偿　　D. 非货币性福利
3. 不通过“管理费用”账户核算的是(　　)。
   A. 职工教育经费　　B. 业务招待费　　C. 广告费　　D. 房产税

4. 不能结转入“本年利润”账户借方的是(　　)。
　A. 生产成本　　B. 主营业务成本　　C. 销售费用　　D. 营业外支出
5. 将盈余公积转增资本或股本后，留存的盈余公积不得少于注册资本的(　　)。
　A. 50%　　B. 100%　　C. 25%　　D. 40%

## 二、多选题

1. 属于固定资产取得方式的是(　　　)。
　A. 自行建造　　B. 接受捐赠
　C. 接受投资者投入　　D. 经营性租入
2. 通过“营业外收入”核算的是(　　　)。
　A. 销售原材料取得的收入　　B. 接受捐赠
　C. 结转无法支付的应付账款　　D. 处置固定资产净收益
3. 应计入生产成本的费用是(　　　)。
　A. 生产工人工资　　B. 制造费用　　C. 管理费用　　D. 直接材料
4. 属于企业存货的有(　　　)。
　A. 周转材料　　B. 在建工程　　C. 在途物资　　D. 库存商品
5. “工资结算汇总表”集中反映(　　　)。
　A. 企业的应付工资数额　　B. 企业的实发工资数额
　C. 企业的代扣款项数额　　D. 企业计提的社会保险费数额

## 三、判断题

1. 车间管理人员的工资应纳入“管理费用”核算。(　)
2. “利润分配——未分配利润”年末贷方余额表示未弥补的亏损数。(　)
3. 企业的利润一般分为营业利润、利润总额和净利润 3 个部分。(　)
4. 营业利润减去管理费用、销售费用、财务费用和所得税费用后得到净利润。(　)
5. 资本公积可以转增资本，盈余公积不可以转增资本。(　)

## 四、计算题

### 习　题　一

**目的**　掌握供应过程的核算。

**要求**　根据以下经济业务编制会计分录。

**资料**　2014 年 1 月，新华公司发生以下材料采购的经济业务。

1）3 日，从外地益民公司购入甲材料 600 千克，每千克 50 元，计 30 000 元，增值税率 17%，材料尚未到达，价款以银行存款支付。

2）5 日，从外地跃华公司购入乙材料 900 千克，每千克 60 元，计 54 000 元，增值税率 17%，材料尚未到达，价款以银行存款支付。

3）上述所购甲、乙材料到达，验收入库，按其实际采购成本转账。

4）8 日，从南方公司购入丙材料 1 000 千克，每千克 75 元，计 75 000 元，增值税率 17%，材料到达验收入库，发生运费150元，款未付。

5）15日，以银行存款归还8日从南方公司购入材料款项。

## 习　题　二

**目的**　掌握生产过程的核算。

**要求**　根据以下经济业务编制会计分录。

**资料**　2014年1月，新华公司发生以下生产加工业务。

1）车间、行政管理部门从仓库领用的各种材料汇总列表如下。

**车间、行政管理部门从仓库领用的各种材料汇总列表**

元

| 材料用途 | 材料种类 | 数　量 | 材料单价 | 金　额 |
|---|---|---|---|---|
| A产品耗用 | 甲材料 | 800千克 | 50 | 40 000 |
| B产品耗用 | 乙材料 | 1 100千克 | 65 | 71 500 |
| 车间一般耗用 | 乙材料 | 300千克 | 60 | 18 000 |
| 行政管理部门修理用 | 丙材料 | 200千克 | 75 | 15 000 |
| 合　计 | — | 2 400千克 | — | 144 500 |



2）结算本月应付职工工资75 800元，其中，生产A产品工人工资26 800元，生产B产品工人工资35 000元，车间管理人员工资9 000元，行政管理人员工资5 000元。

3）按工资总额的14%提取职工福利费予以结转。

4）从银行提取现金75 800元，以备发放本月工资。

5）用现金发放职工工资75 800元。

6）按规定的折旧率，计提本月固定资产折旧费14 000元。其中，生产用固定资产折旧为11 000元，企业行政管理部门固定资产折旧为3 000元。

7）以银行存款支付生产车间办公用品费500元，支付行政管理部门办公用品费1 500元。

8）以银行存款支付本月水电费计5 500元。其中，生产A产品耗用1 800元，生产B产品耗用2 000元，车间照明用电1 000元，行政管理部门照明用电700元。

9）以银行存款支付下年度财产保险费18 000元。

10）摊销应由本月负担的财产保险费1 500元。

11）采购员李春出差，预借差旅费1 000元。

12）采购员李春出差回来，报销差旅费1 200元，由出纳补付现金200元。

13）预提本月负担的短期借款利息3 500元。

14）汇集全月制造费用，按A、B两种产品的生产工时进行分配。其中，A产品本月生产工时为4 000工时，B产品生产工时为6 000工时。

15）月末，A产品和B产品全部完工入库。其中，A产品完工入库700件，B产品完工入库1 300件。结算完工产品的生产成本。

## 习　题　三

**目的**　掌握销售过程的核算。

**要求**　根据以下经济业务编制会计分录。

**资料**　2014 年 1 月份，新华公司发生以下销售业务。

1）20 日，销售给宏大公司 A 产品 300 件，单位售价 150 元，计 45 000 元，B 产品 600 件，单位售价 130 元，计 78 000 元，增值税率 17%，款项收到存入银行。

2）21 日，以银行存款支付为销售 A、B 两种产品而发生的广告费 4 600 元，展览费 1 400 元。

3）25 日，销售给星火公司 B 产品 200 件，单位售价 130 元，计 26 000 元，增值税率17%，已向银行办妥托收，取回回单，价款尚未收到。

4）26 日，本企业将不需用的乙材料 100 千克出售给南方公司，单位售价 80 元，其进货单位原价 60 元，增值税率 17%，价款收到存入银行，并结转其采购成本。

5）27 日，销售给云峰公司 A 产品 150 件，单位售价 150 元，计 22 500 元，增值税率17%，以存款代垫运费 100 元，价款及运费一并向银行办妥托收。

6）28 日，之前销售给星火公司的 B 产品价款及销售给云峰公司的价款均收回存入银行。

7）30 日，结转本月已销产品的销售成本。其中，A 产品 450 件，单位成本 126.65 元；B 产品 800 件，单位成本 106.05 元。



## 习　题　四

**目的**　掌握经营成果取得及分配的核算。

**要求**　根据以下经济业务编制会计分录，同时列式计算本期实现的利润总额及利润净额。

**资料**　2014 年 12 月份，新华公司发生以下经济业务。

1）以银行存款支付迟交税款的滞纳金 1 000 元。

2）收到对外进行实物投资分得的利润 3 000 元存入银行。

3）期末将本期实现的各种收入，包括主营业务收入 400 000 元、其他业务收入80 000 元、投资净收益 3 000 元、营业外收入 5 000 元转入“本年利润”账户。

4）期末将本期实现的各项支出，包括主营业务成本 250 000 元、其他业务成本50 000 元、营业税金及附加 40 000 元、管理费用 10 000 元、财务费用 1 600 元、销售费用 500 元、营业外支出 1 000 元转入“本年利润”账户。

5）计算本年应缴所得税（所得税率为 25%），并结转本期所得税费用。

6）按规定从本期税后利润的 10% 提取法定盈余公积金。

7）按规定计算出应付给投资者的利润 10 000 元。

8）以银行存款支付应付投资者利润 10 000 元。

9）以银行存款缴纳本年所得税。（业务 5）计算得出的数）

## 习　题　五

**目的**　掌握公司生产经营过程的综合核算。

要求

1. 根据以下经济业务编制会计分录。

2. 根据本期业务计算本企业当月的营业利润、利润总额、利润净额。

**资料**　兴达公司2014年12月初“库存现金”账户余额为5 000元,“银行存款”账户余额为500 000元,其12月份发生的经济业务如下。

1）1日,以银行存款30 000元偿还银行借款。

2）2日,从银行提取现金3 000元。

3）2日,以银行存款偿还前欠货款55 000元。

4）3日,从银行借入9个月期限的借款80 000元。

5）3日,采购员刘允出差,预借差旅费2 000元,以现金支付。

6）4日,分配本月职工工资并计提福利费:生产工人工资20 000元,福利费2 800元;车间管理人员工资6 300元,福利费882元;厂部管理人员工资10 500元,福利费1 470元;销售部门人员工资15 000元,福利费2 100元。

7）5日,计提本月固定资产折旧,其中,车间计提5 600元,行政管理部门计提4 800元。



8）6日,提取现金发放职工工资51 800元。

9）7日,从外地益新公司购入甲材料1 500千克,每千克50元,计75 000元,增值税率17%,材料尚未到达,价款尚未支付。

10）8日,以银行存款支付车间办公用品费1 500元,支付行政管理部门办公用品费2 000元。

11）8日,预提本月负担的短期借款利息3 600元。

12）9日,以银行存款支付为销售A、B两种产品而产生的广告费3 800元,展览费1 200元。

13）10日,从本市新民公司购入甲材料2000千克,每千克55元,乙材料3 000千克,每千克20元,供方代垫运杂费500元,增值税率17%,货款及运费以银行存款支付。

14）11日,上述甲、乙两种材料运到并验收入库,并按实际采购成本入账。

15）12日,生产A产品,领用甲材料1 000千克,计50 000元,乙材料1 500千克,计30 000元。

16）12日,车间一般耗用领甲材料500千克,计2 500元。

17）13日,向光大公司销售A产品500件,每件售价100元,货款50 000元,增值税率17%,收到价税款存入银行。

18）14日,以银行存款支付前欠福临公司货款22 500元。

19）15日,向亚细亚商场销售B产品200件,每件售价200元,货款40 000元,增值税率17%,以存款代垫运费300元,货款及运费均办妥托收手续。

20）15日,从天乐公司购入丙材料1 000千克,每千克4元,丁材料1 500千克,每千克2元,供方代垫运杂费50元,增值税额1 190元,价税款及运费尚未支付。

21）16日,收到外地益新公司偿还前欠货款87 750元,存入银行。

22）17日,以银行存款支付本月水电费,其中,生产A产品耗用2 000元,生产B产品耗用1 500元,车间照明耗用1 200元,管理部门耗用500元。

23）18 日，销售给大兴公司 A 产品 50 件，货款 6 000 元，增值税率 17%，货款存入银行。

24）19 日，销售给大明公司 B 产品 100 件，货款 25 000 元，增值税率 17%，货款尚未收到。

25）19 日，以银行存款支付产品销售运费 150 元。

26）20 日，采购员刘允出差归来，报销差旅费 2 350 元，财会补付现金 340 元。

27）20 日，用现金支付车间设备检修费 300 元。

28）22 日，以银行存款支付仓库租赁费 1 000 元。

29）23 日，企业以银行存款支付迟交税款的滞纳金 1 800 元。

30）24 日，本企业将不需用的乙材料 100 千克出售给南方公司，单位售价 30 元，其进货单位原价 20 元，增值税率 17%，价款收到存入银行，并结转其采购成本。

31）25 日，企业收到对外进行实物投资分得的利润 35 000 元存入银行。

32）25 日，经批准，企业将无法支付的应付款项 60 000 元予以转销。

33）26 日，企业开出一张转账支票 50 000 元，捐赠给市福利院。

34）月末，汇集全月制造费用，按 A、B 两种产品的生产工时进行分配。其中，A 产品本月生产工时为 4 000 工时，B 产品生产工时为 6 000 工时。

35）月末，A 产品和 B 产品全部完工入库，结算完工产品的生产成本。

36）月末，结转本月已销产品的销售成本。其中，A 产品 550 件，单位成本为 64 元；B 产品 300 件，单位成本 150 元。

37）月末，设置各损益类账户的 T 型账户，并结出余额，将余额转入本年利润。

38）计算出本月实现的利润总额，按利润总额的 25% 计提所得税费用，并结转。

39）按规定按本期税后利润的 10% 提取法定盈余公积金。

40）按规定计算出应付给投资者的利润 10 000 元。

41）以银行存款支付应付投资者利润 10 000 元。

42）以银行存款缴纳本年所得税。（业务 38）计算得出的数）

# 模块六

# 会计凭证

## 学习目标

了解会计凭证的意义,明确会计凭证的种类,清楚各种凭证的用途,掌握原始凭证和记账凭证的填制与审核。

## 课前热身

1. 让学生深入企业搜集各种原始凭证和记账凭证,了解记账凭证的编制方法。

2. 复习会计科目的设置和借贷记账法的原理。

## 模块认知

《会计法》第二章第九条:“各单位必须根据实际发生的经济业务事项进行会计核算,填制会计凭证,登记会计账簿,编制财务会计报告。”这一规定说明各单位所反映的经济业务事项必须是客观实际的,并应按会计核算要求对经济业务事项进行处理。

## 第一节　会计凭证概述

### 一、会计凭证的概念与作用

#### (一)会计凭证的概念

会计凭证是指记录经济业务发生或完成情况的书面证明,是登记账簿的依据。

任何企业、事业和机关单位,在办理每一项经济业务时,首先必须办理凭证手续,由执行和完成该项经济业务的有关人员,填制或取得能证明该项经济业务内容、数量、金额的会计凭证,并在会计凭证上签名盖章,以示对凭证的真实性和正确性负责任。一切会计凭证要经过会计部门审核,只有经过审核并确认合法、合理和正确无误的会计凭证,才能作为登记账簿的依据。

#### (二)会计凭证的作用

会计凭证的作用主要有:记录经济业务,提供记账依据;明确经济责任,强化内部控制;监督经济活动,控制经济运行。

## 二、会计凭证的种类

会计凭证是多种多样的，按照填制的程序和用途，可分为原始凭证和记账凭证。

**小思考**

原始凭证和记账凭证有什么不同的用途？

### （一）原始凭证

原始凭证，又称单据，是在经济业务发生或完成时取得或填制的，用以记录或证明经济义务发生或完成情况的原始凭据。

每个会计实体，对所发生的各项经济业务，都必须取得或填制原始凭证，以证明经济业务已经执行或完成，并作为会计核算的原始依据。例如，企业购进材料时，从供货单位取得的发票；仓库部门验收材料时，填制的材料入库单；生产部门领用材料时，填制的领料单等，这些都是原始凭证，是编制记账凭证或登记账簿的原始资料和依据。

凡是不能证明经济业务已经执行或完成的凭证，都不是会计上的原始凭证，如材料请购单、派工单、工作总结等。

### （二）记账凭证

记账凭证是会计人员根据审核无误的原始凭证，按照经济业务的内容加以归类，并据以确定会计分录后所填制的会计凭证，是登记账簿的直接依据。

记账凭证，又称记账凭单，是根据复式记账法的基本原理，确定应借、应贷的会计科目及其金额，将原始凭证中的一般数据转化为会计语言，是介于原始凭证与账簿之间的中间环节，是登记明细分类账户和总分类账户的依据。

# 第二节 原始凭证

## 一、原始凭证的种类

原始凭证可以按照取得来源、格式、填制的手续和内容进行分类。

### （一）按照取得来源分类

1. 自制原始凭证

它是指由本单位内部经办业务的部门和人员，在执行或完成某项经济业务时填制的，仅供本单位内部使用的原始凭证，如收料单、领料单（见表6.1）、限额领料单、产品入库单、产品出库单、借款单、差旅费报销单（见表6.2）等。

表 6.1　　**收 料 单**

材料科目：　　　　　　　　　　　　　　供应单位：

材料类别：　　　　　　　　　　　　　　发票号码：

年　月　日　　　　　　　　　　　　　　收料仓库：

<table>
<tr><td rowspan="3">材料名称</td><td rowspan="3">规格</td><td rowspan="3">计量单位</td><td colspan="2">数　量</td><td colspan="6">实际成本</td></tr>
<tr><td rowspan="2">应收</td><td rowspan="2">实收</td><td colspan="2">买价</td><td rowspan="2">运杂费</td><td rowspan="2">其他</td><td rowspan="2">合计</td><td rowspan="2">单位成本</td></tr>
<tr><td>单价</td><td>金额</td></tr>
<tr><td></td><td></td><td></td><td></td><td></td><td></td><td></td><td></td><td></td><td></td><td></td></tr>
<tr><td></td><td></td><td></td><td></td><td></td><td></td><td></td><td></td><td></td><td></td><td></td></tr>
<tr><td></td><td></td><td></td><td></td><td></td><td></td><td></td><td></td><td></td><td></td><td></td></tr>
<tr><td>合　计</td><td></td><td></td><td></td><td></td><td></td><td></td><td></td><td></td><td></td><td></td></tr>
</table>

记账：　　　　　　　　　收料：　　　　　　　　　制单：

表 6.2　　**差旅费报销单**

原派出单位：　　　　　　年　月　日　　　　　　单据张数　张

事　　由：　　　　姓名：　　　　职务：　　　　预借款：

<table>
<tr><td colspan="4">起止日期</td><td rowspan="2">起止地点</td><td rowspan="2">车船费</td><td rowspan="2">办公邮电</td><td colspan="3">住勤费</td><td rowspan="2">途中标准</td><td colspan="2">伙食补助</td><td rowspan="2">合计</td></tr>
<tr><td>月</td><td>日</td><td>月</td><td>日</td><td>标准</td><td>天数</td><td>金额</td><td>天数</td><td>金额</td></tr>
<tr><td></td><td></td><td></td><td></td><td></td><td></td><td></td><td></td><td></td><td></td><td></td><td></td><td></td><td></td></tr>
<tr><td></td><td></td><td></td><td></td><td></td><td></td><td></td><td></td><td></td><td></td><td></td><td></td><td></td><td></td></tr>
<tr><td></td><td></td><td></td><td></td><td></td><td></td><td></td><td></td><td></td><td></td><td></td><td></td><td></td><td></td></tr>
<tr><td colspan="14">人民币（大写）　　　　　　　　　　应退（补）：</td></tr>
</table>

派出单位领导：　　　　财务主管：　　　　复核：　　　　出纳：

2. 外来原始凭证

它是指在经济业务发生或完成时，从其他单位或个人直接取得的原始凭证，如购买货物取得的增值税专用发票、对外单位支付款项时取得的收据、职工出差取得的飞机票、火车票等，如表 6.3、表 6.4 所示。

表 6.3

吉林增值税专用发票

发　票　联

开票日期：　　年　月　日

<table>
<tr><td rowspan="4">购货单位</td><td colspan="3">名　　　称：</td><td rowspan="4">密码区</td><td colspan="4" rowspan="4">（略）</td></tr>
<tr><td colspan="3">纳税人识别号：</td></tr>
<tr><td colspan="3">地 址 、电 话：</td></tr>
<tr><td colspan="3">开户行及账号：</td></tr>
<tr><td colspan="2">货物或应税劳务名称<br><br>合　计</td><td>规格型号</td><td>单位</td><td>数量</td><td>单价</td><td>金额</td><td>税率</td><td>税额</td></tr>
<tr><td colspan="2">价税合计（大写）</td><td colspan="7">（小写）</td></tr>
<tr><td rowspan="4">销货单位</td><td colspan="3">名　　　称：</td><td rowspan="4">备注</td><td colspan="4" rowspan="4"></td></tr>
<tr><td colspan="3">纳税人识别号：</td></tr>
<tr><td colspan="3">地 址 、电 话：</td></tr>
<tr><td colspan="3">开户行及账号：</td></tr>
</table>

第二联：发票联　购货方记账凭证

收款人：　　　　复核：　　　　开票人：　　　　销货单位：（章）

表 6.4

吉林省行政事业单位非经营收入发票

发　票　联

顾客名称：　　　　　　　　　　　　　　　　　　　　吉地(93122)

地　　址：　　　　　　　年　月　日填发　　　　　　No. 067289

<table>
<tr><td rowspan="2">项　目</td><td rowspan="2">单位</td><td rowspan="2">数量</td><td rowspan="2">收费标准</td><td colspan="8">金　额</td><td rowspan="2">备注</td></tr>
<tr><td rowspan="5">超过拾万元无效</td><td>万</td><td>千</td><td>百</td><td>十</td><td>元</td><td>角</td><td>分</td></tr>
<tr><td></td><td></td><td></td><td></td><td></td><td></td><td></td><td></td><td></td><td></td><td></td><td rowspan="4"></td></tr>
<tr><td></td><td></td><td></td><td></td><td></td><td></td><td></td><td></td><td></td><td></td><td></td></tr>
<tr><td></td><td></td><td></td><td></td><td></td><td></td><td></td><td></td><td></td><td></td><td></td></tr>
<tr><td colspan="4">合计人民币（大写）　万　仟　佰　拾　元　角　分</td><td></td><td></td><td></td><td></td><td></td><td></td><td></td></tr>
</table>

开票人：　　　　收款人：　　　　开票单位及地址：（盖章）

### （二）按填制手续和内容分类

1. 一次凭证

它是指一次填制完成的，只记录一笔经济业务的原始凭证，如收据、领料单、发货票等。各单位所取得和填制的大部分原始凭证都是一次性的凭证，一次性凭证是一次有效的凭证。

2. 累计凭证

它是指在一定时期内多次记录发生的同类型经济业务的原始凭证。其特点是，在一张凭证内可以连续地登记相同性质的经济业务，随时结出累计数及结余数，并按照费用限额进行费用控制，期末按实际发生额记账。累计凭证是多次有效的原始凭证，具有代表性的累计凭证是限额领料单，如表 6.5 所示。

表 6.5　　限额领料单

领料部门：一车间　　发料仓库：2 号库

用　　途：生产用　　年　月　日　　编　　号：021

| 材料编号 | 材料名称 | 规　格 | 计量单位 | 领用限额 | 单　价 | 全月实用 | |
|---|---|---|---|---|---|---|---|
| | | | | | | 数　量 | 金　额 |
| | | | | | | | |

| 领料日期 | 请领数量 | 实发数量 | 领料人签章 | 发料人签章 | 限额结余 |
|---|---|---|---|---|---|
| | | | | | |
| | | | | | |
| | | | | | |
| 合　计 | | | | | |

供应部门负责人：　　生产部门负责人：　　仓库管理员：

3. 汇总凭证

它是指对一定时期内反映经济业务内容相同的若干张原始凭证，按照一定标准综合填制的原始凭证。汇总原始凭证合并了同类型经济业务，简化了记账工作量。常用的汇总原始凭证有发出材料汇总表、工资结算汇总表、差旅费报销单等，如表 6.6 所示。

表 6.6　　领料凭证汇总表

年　月　日

| 用　途 | 材料种类 | 数　量 | 单　价 | 金　额 |
|---|---|---|---|---|
| | | | | |
| 合　计 | | | | |

**注意**

区分累计凭证和汇总凭证的不同。

### （三）按格式分类

1. 通用凭证

它是指由有关部门统一印制，在一定范围内使用的具有统一格式和使用方法的原始凭证。通用凭证的使用范围，因制作部门不同而异，可以是某一地区，某一行业，也可以是全国通用。例如，某省（市）印制的发货票、收据等，在该省（市）通用；由人民银行制作的银行转账结算凭证，在全国通用等，如表 6.7 所示。

表 6.7　　　　　　　　　　　　**托收凭证(受理回单)**　　　1

委托日期　　　　年　月　日

<table>
<tr><td>业务类型</td><td colspan="6">委托收款(☑邮划□电划)　　托收承付(□邮划□电划)</td></tr>
<tr><td rowspan="3">付款人</td><td>全称</td><td colspan="2"></td><td rowspan="3">收款人</td><td>全称</td><td></td></tr>
<tr><td>账号</td><td colspan="2"></td><td>账号</td><td></td></tr>
<tr><td>地址</td><td>省　市　县　开户行</td><td></td><td>地址</td><td>省　市　县　开户行</td></tr>
<tr><td>金额</td><td>人民币<br>(大写)</td><td colspan="3">拾　万　仟　佰　拾　元　角　分</td><td colspan="2">亿 千 百 十 万 千 百 十 元 角 分</td></tr>
<tr><td>款项内容</td><td colspan="2"></td><td>托收凭据名称</td><td></td><td>附寄单证张数</td><td></td></tr>
<tr><td colspan="2">商品发运情况</td><td colspan="2"></td><td>合同名称号码</td><td colspan="2"></td></tr>
<tr><td colspan="3">备注:<br><br>复核　　记账</td><td colspan="2">款项收妥日期<br><br>年　月　日</td><td colspan="2">收款人开户银行签章<br><br>年　月　日</td></tr>
</table>

此联作收款人开户银行给收款人受理回单

2. 专用凭证

它是指由单位自行印制、仅在本单位内部使用的原始凭证,如领料单、差旅费报销单、折旧计算表、工资费用分配表等,如表 6.8 所示。

表 6.8　　　　　　　　　　**固定资产折旧计算表**

年　月　日

| 部　门 | 应提折旧额 | 备　注 |
|---|---|---|
| 一车间 | | |
| 二车间 | | |
| 三车间 | | |
| 管理部门 | | |
| 合　计 | | |

主管:　　　　会计:　　　　复核:　　　　制单:

## 二、原始凭证的基本内容

由于经济业务的种类和内容不同,经营管理的要求不同,原始凭证的格式和内容千差万别。但无论何种原始凭证,一般应具备以下基本内容(也称原始凭证的要素)。

① 凭证的名称。

② 填制凭证的日期。

③ 填制单位名称或填制人姓名。

④ 经办人员的签名或盖章。

⑤ 接受凭证单位名称。

⑥ 经济业务内容。

⑦ 数量、单价和金额等。

实际工作中,根据经营管理和特殊业务的需要,除上述基本内容外,可以增加必要的内容。对于不同单位经常发生的共同性经济业务,有关部门可以制定统一的凭证格式。例如,人民银行统一制定的银行转账结算凭证,标明了结算双方单位名称、账号等内容;铁道部统一制定的铁路运单,标明了发货单位、收货单位、提货方式等内容。

## 三、原始凭证的填制要求

原始凭证是编制记账凭证的依据,是会计核算最基础的原始资料。要保证会计核算工作的质量,必须从保证原始凭证的质量做起,正确填制原始凭证。具体地说,原始凭证的填制必须符合以下要求。

1. 记录要真实

原始凭证所要求填列的经济业务的内容和数字,必须真实可靠,符合实际情况。

2. 内容要完整

原始凭证所要求填列的项目必须逐项填列齐全,不得遗漏和省略。



3. 手续要完备

单位自制的原始凭证必须有经办业务的部门和人员的签名盖章;对外开出的原始凭证必须加盖本单位公章等;从外部取得的原始凭证,必须盖有填制单位的公章。

4. 书写要清楚、规范

原始凭证要按规定填写,文字要简明,字迹要清楚,易于辨认,不得使用未经国务院公布的简化汉字。大小写金额必须相符,且填写规范:小写金额用阿拉伯数字逐个书写,不得写连笔字,在金额前要填写人民币符号“¥”。人民币符号“¥”与阿拉伯数字之间不得留有空白,金额数字一律填写到角、分,无角、分的,填写“00”或符号“-”,有角无分的,分位写“0”,不得用符号“-”;大写金额用汉字壹、贰、叁、肆、伍、陆、柒、捌、玖、拾、佰、仟、万、亿、元、角、分、零、整等,一律用正楷或行书字书写,大写金额前未印有“人民币”字样的,应加写“人民币”3个字,“人民币”字样和大写金额之间不得留有空白,大写金额到元或角为止的,后面要写“整”或“正”字,有分的,不写“整”或“正”字,如小写金额¥1 008.00,大写金额应写成“壹仟零捌元整”。

原始凭证的日期按实际日期填写。一般的原始凭证日期的书写要求使用阿拉伯数字填写,但票据这类原始凭证的日期要求使用中文大写。为了防止变造票据的出票日期,在填写月、日时,月为壹、贰和壹拾的,日为壹至玖和壹拾、贰拾及叁拾的,应在其前加“零”。日为拾壹至拾玖的,应在其前加“壹”。例如,1月15日,应写成“零壹月壹拾伍日”;10月20日,应写成“零壹拾月零贰拾日”。

5. 连续编号

各种凭证要连续编号,以便查考。如果凭证已预先印定编号,如发票、支票等重要凭证,在写坏作废时,应加盖“作废”戳记,妥善保管,不得撕毁。

6. 不得涂改、刮擦、挖补

原始凭证有错误的,应当由出具单位重开或更正,更正处应当加盖出具单位的印章。原始凭证金额有错误的,应当由出具单位重开,不得在原始凭证上更正。

7. 填制要及时

各种原始凭证一定要及时填写，并按规定的程序及时送交会计机构、会计人员审核。

**知识链接**

一式几联的原始凭证，应当注明各联的用途，只能以一联作为报销凭证。

一式几联的发票和收据，必须用双面复写纸（发票和收据本身具备复写功能的除外）套写，并连续编号。作废时应当加盖“作废”戳记，连同存根一起保存，不得撕毁。

### 四、原始凭证的审核

为了如实反映经济业务的发生和完成情况，充分发挥会计的监督职能，保证会计信息的真实性、可靠性和正确性，会计机构、会计人员必须对原始凭证进行严格的审核。具体包括以下几项。

① 审核原始凭证的真实性。

② 审核原始凭证的合法性。

③ 审核原始凭证的合理性。

④ 审核原始凭证的完整性。

⑤ 审核原始凭证的正确性。

⑥ 审核原始凭证的及时性。

原始凭证的审核是一项十分重要、严肃的工作。经审核的原始凭证应根据以下不同的情况进行处理。

① 对于完全符合要求的原始凭证，应及时据以编制记账凭证入账。

② 对于真实、合法、合理，但内容不够完整、填写有错误的原始凭证，应退回给有关经办人员，由其负责将有关凭证补充完整、更正错误或重开后，再办理正式会计手续。

③ 对于不真实、不合法的原始凭证，会计机构、会计人员有权不予接受，并向单位负责人报告。

## 第三节　记账凭证

### 一、记账凭证的种类

记账凭证可按不同的标准进行分类，按照用途可分为专用记账凭证和通用记账凭证；按照填列方式可分为单式记账凭证和复式记账凭证。

#### （一）按凭证的用途分类

1. 专用记账凭证

记账凭证按其所反映的经济内容不同，一般分为收款凭证、付款凭证和转账凭证。

① 收款凭证，是指用于记录现金和银行存款收款业务的会计凭证。

收款凭证是根据有关现金和银行存款收入业务的原始凭证填制的，是登记现金日记账、银行存款日记账，以及有关明细账和总账等账簿的依据，也是出纳人员收讫款项的依据，如表6.9所示。

表6.9　收款凭证

借方科目：　　　　　　年　月　日　　　　　　字第　号

| 摘　要 | 贷方总账科目 | 明细科目 | 账　页 | 金额 | | | | | | | | | | |
|---|---|---|---|---|---|---|---|---|---|---|---|---|---|---|
| | | | | 千 | 百 | 十 | 万 | 千 | 百 | 十 | 元 | 角 | 分 | 附单据　张 |
| | | | | | | | | | | | | | | |
| | | | | | | | | | | | | | | |
| | | | | | | | | | | | | | | |
| | | | | | | | | | | | | | | |

财务主管：　　记账：　　出纳：　　审核：　　制单：

② 付款凭证，是指用于记录现金和银行存款付款业务的会计凭证。



付款凭证是根据有关现金和银行存款支付业务的原始凭证填制的，是登记现金日记账、银行存款日记账，以及有关明细账和总账等账簿的依据，也是出纳人员支付款项的依据，如表6.10所示。

表6.10　付款凭证

贷方科目：　　　　　　年　月　日　　　　　　字第　号

| 摘　要 | 借方总账科目 | 明细科目 | 账　页 | 金额 | | | | | | | | | | |
|---|---|---|---|---|---|---|---|---|---|---|---|---|---|---|
| | | | | 千 | 百 | 十 | 万 | 千 | 百 | 十 | 元 | 角 | 分 | 附单据　张 |
| | | | | | | | | | | | | | | |
| | | | | | | | | | | | | | | |
| | | | | | | | | | | | | | | |
| | | | | | | | | | | | | | | |

财务主管：　　记账：　　出纳：　　审核：　　制单：

③ 转账凭证，是指用于记录不涉及现金和银行存款业务的会计凭证。

转账凭证是根据有关转账业务的原始凭证填制的，是登记有关明细账和总账等账簿的依据，如表6.11所示。

表 6.11　　转账凭证

年　月　日　　　　字第　号

| 摘要 | 总账科目 | 明细科目 | 账页 | 借方金额 | | | | | | | | 贷方金额 | | | | | | | |
|---|---|---|---|---|---|---|---|---|---|---|---|---|---|---|---|---|---|---|---|
| | | | | 十 | 万 | 千 | 百 | 十 | 元 | 角 | 分 | 十 | 万 | 千 | 百 | 十 | 元 | 角 | 分 |
| | | | | | | | | | | | | | | | | | | | |
| | | | | | | | | | | | | | | | | | | | |
| | | | | | | | | | | | | | | | | | | | |
| | | | | | | | | | | | | | | | | | | | |

附凭证　张

会计主管：　　审核：　　记账：　　出纳：　　制证：

2. 通用记账凭证

通用记账凭证是指用来反映所有经济业务的记账凭证，为各类经济业务所共同使用，其格式与转账凭证基本相同。

### （二）按凭证的填列方式分类

记账凭证按照填列方式的不同，可分为单式记账凭证、复式记账凭证。

1. 单式记账凭证

它是指每一张记账凭证只填列经济业务所涉及的一个会计科目及其金额的记账凭证。

填列借方科目的称为借项凭证，填列贷方科目的称为贷项凭证。某项经济业务涉及几个会计科目，就编制几张单式记账凭证。单式记账凭证反映的内容单一，便于分工记账，也便于按会计科目汇总，但一张凭证不能反映每一笔经济业务的全貌，不便于检查会计分录的正确性。其格式如表 6.12、表 6.13 所示。

表 6.12　　借项记账凭证

对应科目　　年　月　日　　凭证编号

| 摘　要 | 一级科目 | 明细科目 | 金　额 | 账　页 |
|---|---|---|---|---|
| | | | | |
| | | | | |

会计主管：　　记账：　　审核：　　制单：

表 6.13　　贷项记账凭证

对应科目　　年　月　日　　凭证编号

| 摘　要 | 一级科目 | 明细科目 | 金　额 | 账　页 |
|---|---|---|---|---|
| | | | | |
| | | | | |

会计主管：　　记账：　　审核：　　制单：

2. 复式记账凭证

它是将每一笔经济业务所涉及的全部会计科目及其发生额均在同一张记账凭证中反映的一种凭证。它是实际工作中应用最普遍的记账凭证。

上述收款凭证、付款凭证和转账凭证，以及通用记账凭证均为复式记账凭证。复式记账凭证全面地反映了经济业务的账户对应关系，有利于检查会计分录的正确性，但不便于会计岗位上的分工记账。

## 二、记账凭证的基本内容

记账凭证作为登记账簿的依据，因其所反映经济业务的内容不同、各单位规模的大小及其对会计核算繁简程度的要求不同，其格式也有所不同。但为了满足记账的基本要求，记账凭证应具备以下基本内容（也称为记账凭证的要素）。

① 填制凭证的日期。

② 凭证编号。

③ 经济业务摘要。

④ 会计科目。

⑤ 金额。

⑥ 所附原始凭证的张数。



⑦ 填制凭证人员、稽核人员、记账人员、会计机构负责人、会计主管员签名或签章。

收款和付款记账凭证还应当由出纳人员签名或盖章。以自制的原始凭证或原始凭证汇总表代替记账凭证的，也必须具备记账凭证应有的项目。

## 三、记账凭证的填制要求

### （一）记账凭证填制的基本要求

① 记账凭证各项内容必须完整。

② 记账凭证的书写应当清楚、规范。

③ 除结账和更正错账可以不附原始凭证外，其他记账凭证必须附原始凭证。

④ 记账凭证可以根据每一张原始凭证填制，或者根据若干张同类原始凭证汇总填制，也可以根据原始凭证汇总表填制；但不得将不同内容和类别的原始凭证汇总填制在一张记账凭证上。

⑤ 记账凭证应连续编号。凭证应由主管该项业务的会计人员，按业务发生的顺序并按不同种类的记账凭证采用“字号编号法”连续编号。如果一笔经济业务需要填制两张以上（含两张）记账凭证的，可以采用“分数编号法”编号。

⑥ 填制记账凭证时若发生错误，应当重新填制。

⑦ 记账凭证填制完成后，如有空行，应当自金额栏最后一笔金额数字下的空行处至合计数上的空行处画线注销。

### （二）收款凭证的填制

该凭证左上角的“借方科目”按收款的性质填写“库存现金”或“银行存款”；日期填写的是编制本凭证的日期；右上角填写编制收款凭证的顺序号；“摘要”填写对所记录的经济业务的简要说明；“贷方科目”填写与收入库存现金或银行存款相对应的会计科目；“记账”是指该凭证已登记账簿的标记，防止经济业务重计或漏计；“金额”是指本记账凭证所附原始凭证的发生额;该凭证的右边"附件　张"是指本记账凭证所附原始凭证的张数;最下边分别由有关人员签章,以明确经济责任。

现将复式记账凭证的编制方法举例说明如下。

**例 6-1**　中兴公司接受甲公司投资 500 000 元,存入银行。根据有关原始凭证编制收款凭证,如表 6.14 所示。

表 6.14　　　　**收款凭证**

借方科目:银行存款　　　　× × 年 × 月 × 日　　　　收字第 1 号

| 摘　要 | 贷方总账科目 | 明细科目 | 账　页 | 金　额 | | | | | | | | | |
|---|---|---|---|---|---|---|---|---|---|---|---|---|---|
| | | | | 千 | 百 | 十 | 万 | 千 | 百 | 十 | 元 | 角 | 分 |
| 接受投资 | 实收资本 | | | | | 5 | 0 | 0 | 0 | 0 | 0 | 0 | 0 |
| | | | | | | | | | | | | | |
| | | | | | | | | | | | | | |
| | | | | | | | | | | | | | |

附单据　张

财务主管:　　　　记账:　　　　出纳:　　　　审核:　　　　制单:

## (三) 付款凭证的填制

付款凭证的编制方法与收款凭证的基本相同,只是左上角的"借方科目"换为"贷方科目",凭证中间的"贷方科目"换为"借方科目"。

对于涉及"库存现金"和"银行存款"之间的经济业务,如将现金存入银行或从银行提取现金,为了避免重复记账,一般只编制付款凭证,不编制收款凭证。出纳人员应根据会计人员审核无误的收款凭证和付款凭证办理收付款业务。

**例 6-2**　以现金 2 000 元预支于涛差旅费。根据有关原始凭证编制收款凭证,如表 6.15 所示。

表 6.15　　　　**付款凭证**

贷方科目:库存现金　　　　× × 年 × 月 × 日　　　　付字第 1 号

| 摘　要 | 借方总账科目 | 明细科目 | 账　页 | 金　额 | | | | | | | | | |
|---|---|---|---|---|---|---|---|---|---|---|---|---|---|
| | | | | 千 | 百 | 十 | 万 | 千 | 百 | 十 | 元 | 角 | 分 |
| 预支旅费 | 其他应收款 | 于涛 | | | | | | 2 | 0 | 0 | 0 | 0 | 0 |
| | | | | | | | | | | | | | |
| | | | | | | | | | | | | | |
| | | | | | | | | | | | | | |

附单据　张

财务主管:　　　　记账:　　　　出纳:　　　　审核:　　　　制单:

## (四) 转账凭证的编制

该凭证将经济业务中所涉及的全部会计科目,按照先借后贷的顺序记入"会计科目"栏中的"一级科目"和"二级或明细科目",并按应借、应贷方向分别记入"借方金额"或"贷方金额”栏中。其他项目的填列与收、付款凭证相同。

**例 6-3**　生产A产品，领用甲材料30 000元。根据领料单编制转账凭证，如表6.16所示。

表6.16

转账凭证

××年×月×日　　　　第1号

| 摘要 | 总账科目 | 明细科目 | 账页 | 借方金额 | | | | | | | | 贷方金额 | | | | | | | |
|---|---|---|---|---|---|---|---|---|---|---|---|---|---|---|---|---|---|---|---|
| | | | | 十 | 万 | 千 | 百 | 十 | 元 | 角 | 分 | 十 | 万 | 千 | 百 | 十 | 元 | 角 | 分 |
| 领料 | 生产成本 | A产品 | | | 3 | 0 | 0 | 0 | 0 | 0 | 0 | | | | | | | | |
| | 原材料 | 甲材料 | | | | | | | | | | | 3 | 0 | 0 | 0 | 0 | 0 | 0 |
| | | | | | | | | | | | | | | | | | | | |
| | | | | | | | | | | | | | | | | | | | |

附凭证　张

会计主管：　　审核：　　记账：　　出纳：　　制单：



### （五）通用凭证的编制

该凭证的编制与转账凭证基本相同。所不同的是，在凭证的编号上，采用按照发生经济业务的先后顺序编号的方法。对于一笔经济业务涉及两张以上的记账凭证时，可以采取分数编号法。例如，一笔经济业务需要编制两张记账凭证，凭证的顺序号是6，则这笔经济业务两张凭证的顺序编号分别为6-1和6-2。

**例 6-4**　购买办公用品500元，以现金支付。根据有关原始凭证编制通用记账凭证，如表6.17所示。

表6.17

记账凭证　　　　凭证号1

××年×月×日

| 摘要 | 借方 | | 贷方 | | 金额 | | | | | | | |
|---|---|---|---|---|---|---|---|---|---|---|---|---|
| | 一级 | 二级 | 一级 | 二级 | 十 | 万 | 千 | 百 | 十 | 元 | 角 | 分 |
| 买办公品 | 管理费用 | 办公品 | | | | | | 5 | 0 | 0 | 0 | 0 |
| | | | 库存现金 | | | | | 5 | 0 | 0 | 0 | 0 |
| | | | | | | | | | | | | |
| | | | | | | | | | | | | |

附凭证　张

会计主管：　　审核：　　记账：　　出纳：　　制证：

### （六）记账凭证汇总表（科目汇总表）的编制

科目汇总表的编制，是根据一定时间的全部记账凭证（5天或10天）的经济业务，首先按分录凭证编制T型账户，将本期各会计科目的发生额一一记入T型账户，然后计算各会计账户的借方发生额和贷方发生额合计数，将各会计账户名称及借、贷方发生额填写在科目汇总表的相关栏内，汇总表中的会计账户应按总账的排列顺序进行填列。各账户在汇总时，本期借方发生额与贷方发生额应分别汇总，不能相互抵销，最后分别加计所有账户本期借方发生额和贷方发生额合计数，填入合计栏，借贷相等后，一般说明无误，可以用以登记总账。记账凭证汇总表的格式如表 6.18 所示。（根据模块五经济业务内容编制 10 月份上旬的记账凭证汇总表）。

表 6.18　　记账凭证汇总表　　汇字第 28 号

2014 年 10 月 1 日至 10 日　　元

| 账户名称 | 本月发生额 | | 总账页数 |
|---|---|---|---|
| | 借　方 | 贷　方 | |
| 库存现金 | | 1 500 | |
| 银行存款 | | 105 800 | |
| 其他应收款 | 1 500 | | |
| 在途物资 | 140 500 | 90 500 | |
| 原材料 | 90 500 | | |
| 应付账款 | | 58 500 | |
| 应交税金 | 23 800 | | |
| | | | |
| | | | |
| 合　计 | 256 300 | 256 300 | |

会计主管：　　记账：　　复核：　　制表：

需要指出，编制记账凭证时应当对记账凭证连续编号，以分清会计事项处理的先后顺序，便于记账凭证与会计账簿核对，确保记账凭证完整无缺。

## 四、记账凭证的审核

为了保证会计信息的质量，在记账之前应由有关稽核人员对记账凭证进行严格的审核。其审核的主要内容如下。

1. 内容是否真实

审核记账凭证是否有原始凭证作为依据，所附原始凭证的内容与记账凭证的内容是否一致，记账凭证汇总表的内容与其所依据的记账凭证的内容是否一致等。

2. 项目是否齐全

审核记账凭证各项目的填写是否齐全，如日期、凭证编号、摘要、会计科目、金额、所附原始凭证的张数及有关人员的签章等。

3. 科目是否正确

审核记账凭证的应借、应贷科目是否正确，是否有明确的账户对应关系，所使用的会计科目是否符合国家统一的会计制度规定等。

4. 金额是否正确

审核记账凭证所记录的金额与原始凭证的有关金额是否一致、计算是否正确，记账凭证汇总表的金额与记账凭证的金额合计是否相等。

5. 书写是否正确

审核记账凭证中记录的文字是否工整、数字是否清晰，是否按规定进行更正等。

6. 手续是否完备

此外，出纳人员在办理收款或付款业务后，应在凭证上加盖“收讫”或“付讫”戳记，以避免重收或重付。

**知识链接**

记账凭证可以根据每一张原始凭证填制，或者根据若干张同类原始凭证汇总填制，也可以根据原始凭证汇总表填制，但不得将不同内容和类别的原始凭证汇总填制在一张记账凭证上。

除结账和更正错误的记账凭证可以不附原始凭证外，其他记账凭证必须附有原始凭证。



## 第四节　会计凭证的传递与保管

### 一、会计凭证的传递

会计凭证的传递是指从会计凭证的取得或填制时起至归档保管的过程中，在单位内部有关部门和人员之间的传递程序。会计凭证的传递是会计核算得以正常、有效进行的前提。会计凭证的传递，要求能够满足内部控制制度的要求，使传递程序合理有效，同时尽量节约传递时间，减少传递工作量。

企业生产组织特点、经济业务的内容和管理要求不同，会计凭证的传递也有所不同。为此，企业应根据具体情况制定每一种凭证的传递程序和方法。

### 二、会计凭证的保管

会计凭证的保管是指会计凭证记账后的整理、装订、归档和存查工作。会计凭证作为记账依据，是重要的会计档案和经济资料。

对会计凭证的保管，既要做到完整无缺，又要便于翻阅查找。其主要要求如下。

① 会计凭证应定期装订成册，防止散失。会计部门在依据会计凭证记账以后，应定期(每天、每旬或每月)对各种会计凭证进行分类整理，将各种记账凭证按照编号顺序，连同所附的原始凭证一起加具封面和封底，装订成册，并在装订线上加贴封签，由装订人员在装订线封签处签名或盖章。

从外单位取得的原始凭证遗失时，应取得原签发单位盖有公章的证明，并注明原始凭证的号码、金额、内容等，由经办单位会计机构负责人(会计主管人员)和单位负责人批准后，才能代作原始凭证。若确实无法取得证明的，如车票丢失，则应由当事人写明详细情况，由经办单位会计机构负责人(会计主管人员)和单位负责人批准后，代作原始凭证。

② 会计凭证封面应注明单位名称、凭证种类、凭证张数、起止号数、年度、月份、会计主管人员、装订人员等有关事项，会计主管人员和保管人员应在封面上签章。

③ 会计凭证应加贴封条，防止抽换凭证。原始凭证不得外借，其他单位如有特殊原因确实需要使用时，经本单位会计机构负责人（会计主管人员）批准，可以复制。向外单位提供的原始凭证复制件，应在专设的登记簿上登记，并由提供人员和收取人员共同签名、盖章。

④ 原始凭证较多时，可单独装订，但应在凭证封面上注明所属记账凭证的日期、编号和种类，同时在所属的记账凭证上应注明“附件另订”及原始凭证的名称和编号，以便查阅。对各种重要的原始凭证，如押金收据、提货单等，以及各种需要随时查阅和退回的单据，应另编目录，单独保管，并在有关的记账凭证和原始凭证上分别注明日期和编号。

⑤ 每年装订成册的会计凭证，在年度终了时可暂由单位会计机构保管 1 年，期满后应当移交本单位档案机构统一保管；未设立档案机构的，应当在会计机构内部指定专人保管。出纳人员不得兼管会计档案的保管工作。

⑥ 严格遵守会计凭证保管期限的要求，期满前不得任意销毁。

## 课后训练

### 一、单选题

1. 会计凭证按其（　　）不同，可分为原始凭证和记账凭证。

A. 填制程序和用途　　B. 填制程序和方法

C. 填制格式和手续　　D. 填制人员和程序

2. 编制会计分录的依据是（　　）。

A. 累计凭证　　B. 一次凭证　　C. 记账凭证　　D. 原始凭证

3. 不属于原始凭证审核内容的是（　　）。

A. 凭证反映的内容是否真实

B. 凭证各项基本要素是否齐全

C. 会计科目的使用是否正确

D. 凭证是否有填制单位的公章和填制人员的签章

4. 中兴公司销售产品 7 000 元，收到转账支票一张存入银行。甲公司应编制的记账凭证是（　　）。

A. 销售发票　　B. 付款凭证　　C. 转账凭证　　D. 收款凭证

5. 会计凭证的传递是指（　　），在单位内部有关部门及人员之间的传递程序。

A. 会计凭证的填制到登记账簿止

B. 会计凭证的填制或取得时起到归档保管过程中

C. 会计凭证审核后到归档止

D. 会计凭证的填制或取得到汇总登记账簿止

## 二、多选题

1. 不属于外来原始凭证的是(　　)。
   A. 购货时取得的增值税专用发票
   B. 收货后仓库保管人员填制的商品入库单
   C. 工资发放时编制的明细表
   D. 发出货物时仓库保管人员填制的商品出库单
2. 不属于累计凭证的是(　　)。
   A. 增值税专用发票　B. 材料入库单　C. 商品提货单　D. 限额领料单
3. 原始凭证应具备的基本内容有(　　)。
   A. 填制日期　B. 经济业务涉及的会计科目
   C. 经济业务的内容　D. 所附原始凭证的张数
4. 经济业务中应当据以编制付款凭证的是(　　)。
   A. 销售货物一批,款项尚未收到
   B. 收到外单位支票一张,用以偿还前欠货款
   C. 支付现金购买办公用品
   D. 开出支票一张,用以支付下年的广告费
5. 按照规定,除(　　)的记账凭证可以不附原始凭证,其他记账凭证必须附有原始凭证。
   A. 提取现金　B. 结账　C. 更正错账　D. 现金存入银行

## 三、判断题

1. 原始凭证按照填制手续及内容的不同,可分为一次凭证、累计凭证和汇总凭证。(　)
2. 记账凭证是登记明细账的依据,原始凭证是登记总账的依据。(　)
3. 限额领料单属于一次凭证。(　)
4. 会计机构和会计人员对不真实、不合法的原始凭证和违法收支,应当不予接受,并向单位负责人报告。(　)
5. 对于涉及现金和银行存款之间的收、付款业务,一般编制转账凭证。(　)

## 四、计算题

### 习 题 一

**目的**　掌握原始凭证的填制。

**要求**　根据以下经济业务填制原始凭证。

中东公司为增值税一般纳税人,纳税人登记号为266502717138123,增值税率为17%;开户银行为中国工商银行东通市新华办事处;账号为121001041110808;地址为东通市铁西路260号。2014年6月份发生以下经济业务。

1) 1日,出纳员从银行提取现金5 200元,以备零用。(填写现金支票)

| 中国工商银行<br>现金支票存根<br>XIV 00000014 | 本支票支付期限十天 | 中国工商银行 现金支票 XIV 00000001 |
|---|---|---|
| 附加信息 | | 出票日期(大写) 年 月 日 付款行名称: |
| | | 收款人: 出票人账号: |
| | | 人民币(大写) 亿 千 百 十 万 千 百 十 元 角 分 |
| 出票日期: 年 月 日 | | 用途 密码 |
| 收款人: | | 上列款项请从 |
| 金 额: | | 我账户内支付 |
| 用 途: | | 出票人签章 复核 记账 |
| 单位主管 会计 | | |

2) 3 日,业务科张华到长春开会,借支差旅费 3 000 元,出纳员以现金支付。(填写借款单)

**借 款 单**

20 年 月 日 No. 33459

| 借款单位 | | 姓名 | | 级别 | | 出差地点 | |
|---|---|---|---|---|---|---|---|
| | | | | | | 天数 | |
| 事由 | | | | 借款金额 | (大写) ¥ | | |
| 实际报销金额 | | 结余金额 | ¥ | 备注: | | | |
| | | 超支金额 | ¥ | | | | |
| 收款单位<br>公章 经办人: 年 月 日 | | | | | | | |

3) 8 日,采购员方大伟出差从丽山返回,预借款 3 000 元,报销差旅费计 2 330 元,其中,火车票 1 280 元,市内交通费 235 元,住宿费 680 元;住勤补助 9 天,补助标准每天 15 元,计 135 元。(填写差旅费报销单)

**差旅费报销单**

原派出单位 年 月 日 单据张数 张

事 由 姓名 职务 预借款

| 起止日期 | | | | 起止地点 | 车船费 | 办公邮电 | 住勤费 | | | 途中标准 | 伙食补助 | | 合计 |
|---|---|---|---|---|---|---|---|---|---|---|---|---|---|
| 月 | 日 | 月 | 日 | | | | 标准 | 天数 | 金额 | | 天数 | 金额 | |
| | | | | | | | | | | | | | |
| | | | | | | | | | | | | | |
| | | | | | | | | | | | | | |
| 合 计 | | | | | | | | | | | | | |
| 人民币(大写) | | | | 应退(补): | | | | | | | | | |

派出单位领导: 财务主管: 复核: 出纳:

4）11 日，接到银行转来托收承付结算凭证付款通知和铁路运单及增值税专用发票，吉丰市物资局发来甲材料 20 吨，每吨 1 500 元，计 30 000 元，增值税额 5 100 元，运费 600 元，共计 35 700 元，经审核无误同意承付货款。材料尚未到达。吉丰市物资局纳税人登记号为 610352100067236；开户行为中国工商银行大路办事处；账号为 060932688091145；地址为河南大街 5 号。（填写托收承付结算凭证、增值税专用发票）

**托收凭证（受理回单）** 1

委托日期 年 月 日

<table>
<tr><td colspan="2">业务类型</td><td colspan="4">委托收款（☑邮划☐电划） 托收承付（☐邮划☐电划）</td></tr>
<tr><td rowspan="3">付款人</td><td>全 称</td><td></td><td rowspan="3">收款人</td><td>全 称</td><td></td></tr>
<tr><td>账 号</td><td></td><td>账 号</td><td></td></tr>
<tr><td>地 址</td><td>省 市 县 开户行</td><td>地 址</td><td>省 市 县 开户行</td></tr>
<tr><td>金额</td><td>人民币（大写）</td><td colspan="3">拾 万 仟 佰 拾 元 角 分</td><td>亿 千 百 十 万 千 百 十 元 角 分</td></tr>
<tr><td colspan="2">款项内容</td><td>托收凭据名称</td><td></td><td>附寄单证张数</td><td></td></tr>
<tr><td colspan="2">商品发运情况</td><td></td><td>合同名称号码</td><td colspan="2"></td></tr>
<tr><td colspan="2">备注：<br>复核 记账</td><td colspan="2">款项收妥日期<br>年 月 日</td><td colspan="2">收款人开户银行签章<br>年 月 日</td></tr>
</table>

此联作收款人开户银行给收款人受理回单

**吉林增值税专用发票**

发 票 联

开票日期： 年 月 日

<table>
<tr><td>购货单位</td><td colspan="3">名 称：<br>纳税人识别号：<br>地 址 、电 话：<br>开户行及账号：</td><td>密码区</td><td colspan="3">（略）</td></tr>
<tr><td colspan="2">货物或应税劳务名称</td><td>规格型号</td><td>单位</td><td>数量</td><td>单价</td><td>金额</td><td>税率</td><td>税额</td></tr>
<tr><td colspan="2">合 计</td><td></td><td></td><td></td><td></td><td></td><td></td><td></td></tr>
<tr><td colspan="2">价税合计（大写）</td><td colspan="7">（小写）</td></tr>
<tr><td>销货单位</td><td colspan="3">名 称：<br>纳税人识别号：<br>地 址 、电 话：<br>开户行及账号：</td><td>备注</td><td colspan="3"></td></tr>
</table>

第二联：发票联 购货方记账凭证

收款人： 复核： 开票人： 销货单位：（章）

5）15 日，吉丰市物资局发来的甲材料到达，如数验收入库。（填写收料单）

**收料单**

材料科目：　　　　　　　　　　　　　　　　　　　供应单位：
材料类别：　　　　　　　　　　　　　　　　　　　发票号码：
　　　　　　　　　　年　月　日　　　　　　　　　收料仓库：

| 材料名称 | 规格 | 计量单位 | 数量 | | 实际成本 | | | | | |
|---|---|---|---|---|---|---|---|---|---|---|
| | | | 应收 | 实收 | 买价 | | 运杂费 | 其他 | 合计 | 单位成本 |
| | | | | | 单价 | 金额 | | | | |
| | | | | | | | | | | |
| | | | | | | | | | | |
| | | | | | | | | | | |
| 合计 | | | | | | | | | | |

记账：　　　　　　　　　　收料：　　　　　　　　　　制单：

## 习题二

**目的**　掌握记账凭证的编制。

**要求**

1. 根据中东公司2014年5月份发生的经济业务编制记账凭证。

2. 根据编制的记账凭证按旬编制记账凭证汇总表。

**资料**

1）2日，收回甲公司前欠货款60 000元并存入银行。

2）5日，购入A材料（假定不考虑增值税，材料采用实际成本进行日常核算），价款30 000元，原材料已验收入库，货款已用银行存款支付。

3）8日，从银行借入短期借款15 000元直接偿还应付账款。

4）11日，用银行存款偿还短期借款45 000元。

5）13日，收到投资人投入货币资金75 000元存入银行。

6）16日，购入B材料，货款45 000元（假定不考虑增值税，材料采用实际成本进行日常核算）。原材料已验收入库，货款尚未支付。

7）20日，收回丙企业前欠货款100 000元存入银行。

8）23日，用银行存款50 000元购入机器设备。

9）26日，采购员李小安预借差旅费3 000元，现金支付。

10）30日，以现金390元购办公用品。

# 模块七

# 会计账簿

## 学习目标

了解会计账簿的概念与分类，了解会计账簿的更换与保管，熟悉会计账簿的登记要求，熟悉总分类账与明细分类账平行登记的要点，掌握日记账、总分类账及有关明细分类账的登记方法，掌握对账与结账的方法，掌握错账的查找与更正方法。

## 课前热身

1. 开展社会调查，了解创立企业都需要设置什么账簿，并如何登记。
2. 复习记账凭证及科目汇总表的内容。

## 模块认知

《会计法》第十六条：各单位发生的各项经济业务事项应当在依法设置的会计账簿上统一登记、核算，不得违反本法和国家统一的会计制度的规定私设会计账簿登记核算。

## 第一节　会计账簿概述

### 一、会计账簿的概念与作用

#### （一）会计账簿的概念

会计账簿是指由一定格式的账页组成的，以经过审核的会计凭证为依据，全面、系统、连续地记录各项经济业务的簿籍。设置和登记账簿，是编制财务报表的基础，是连接会计凭证和财务报表的中间环节。

#### （二）会计账簿的作用

设置和登记账簿的作用主要有以下几点。

1. 记载和储存会计信息

将会计凭证所记录的经济业务一一记入有关账簿，可以全面地反映会计主体在一定时期内所发生的各项资金运动，储存所需要的各项会计信息。

2. 分类和汇总会计信息

账簿由不同的相互关联的账户所构成。通过账簿记录，一方面可以分门别类地反映各项会计信息，提供一定时期内经济活动的详细情况；另一方面可以通过计算发生额、余额，提供各方面所需要的总括会计信息，反映财务状况及经营成果的综合价值指标。

3. 检查和校正会计信息

账簿记录是对会计凭证信息的进一步整理。例如，在永续盘存制下，通过有关盘存账户余额与实际盘点或核查结果的核对，可以确认财产的盘盈或盘亏，并根据实际结存数额核账簿记录，做到账实相符，提供如实、可靠的会计信息。

4. 编报和输出会计信息

为了反映一定日期的财务状况及一定时期的经营成果，应定期地进行结账工作，并进行有关账簿之间的核对，计算出本期发生额和余额，据以编制会计报表，向有关各方提供所需要的会计信息。

## 二、会计账簿的基本内容

在实际工作中，由于各种会计账簿所记录的经济业务不同，账簿的格式也多种多样，但各种账簿都应具备以下基本内容。

1. 封面

封面主要标明账簿的名称，如总分类账、各种明细账、现金日记账、银行存款日记账等。

2. 扉页

扉页主要列明科目索引、账簿启用和经管人员一览表（活页账、卡片账在装订成册后，填列账簿启用和经管人员一览表），格式如表 7.1 所示。

表 7.1　账簿启用和经管人员一览表

账簿名称：　单位名称：
账簿编号：　账簿册数：
账簿页数：　启用日期：
会计主管：　记账人员：

| 移交日期 | | | 移交人 | | 接管日期 | | | 接管人 | | 会计主管 | |
|---|---|---|---|---|---|---|---|---|---|---|---|
| 年 | 月 | 日 | 姓名 | 签章 | 年 | 月 | 日 | 姓名 | 签章 | 姓名 | 签章 |
| | | | | | | | | | | | |
| | | | | | | | | | | | |
| | | | | | | | | | | | |
| | | | | | | | | | | | |

3. 账页

账页是账簿用来记录具体经济业务的载体，其格式因记录经济业务内容的不同而有所不同，但基本内容应包括以下几项。

① 账户的名称（总分类账户、二级账户或明细账户）。

② 登记账户的日期栏。

③ 凭证种类和号数栏。

④ 摘要栏(简要说明所记录经济业务的内容)。

⑤ 金额栏(记录经济业务引起账户发生额或余额增减变动的数额)。

⑥ 总页次和分户页次。

## 三、会计账簿与账户的关系

账簿与账户的关系是形式和内容的关系。账簿是由若干账页组成的一个整体,账簿中的每一账页就是账户的具体存在形式和载体,没有账簿,账户就无法存在;账簿序时、分类地记录经济业务,是在各个具体的账户中完成的。因此,账簿只是一个外在形式,账户才是其实质内容。

## 四、账簿的分类

账簿可以按其用途、账页格式和外形特征等不同标准进行分类。



### (一) 按用途分类

账簿按其用途的不同,可以分为序时账簿、分类账簿和备查账簿三类。

1. 序时账簿

序时账簿,又称日记账,是按照经济业务发生或完成时间的先后顺序逐日逐笔进行登记的账簿。序时账簿可以用来核算和监督某一类型经济业务或全部经济业务的发生或完成情况,也可以用来记录某一类型经济业务的现金日记账,记录银行存款收付业务及其结存情况的银行存款日记账,以及专门记录转账业务的转账日记账。在我国,大多数企业一般只设现金日记账和银行存款日记账,而不设转账日记账和普通日记账。

2. 分类账簿

分类账簿是对全部经济业务按照会计要素的具体类别而设置的分类账户进行登记的账簿。按照总分类账户分类登记经济业务的是总分类账簿,简称总账。按照明细分类登记经济业务的是明细分类账簿,简称明细账。总分类账提供总括的会计信息,明细分类账提供详细的会计信息,二者相辅相成,互为补充。

分类账簿可以分别反映和监督各项资产、负债、所有者权益、收入、费用和利润的增减变动情况及其结果。分类账簿提供的核算信息是编制会计报表的主要依据。

分类账簿和序时账簿的作用不同。序时账簿能提供连续系统的信息,反映企业资金运动的全貌,分类账簿则是按照经营与决策的需要而设置的账户,归集并汇总各类信息,反映资金运动的各种状态、形式及其构成。在账簿组织中,分类账簿占有特别重要的地位。因为只有通过分类账簿,才能把数据按账户形成不同信息,满足编制会计报表的需要。

小型经济单位,业务简单,总分类账户不多,为简化工作,可以把序时账簿与分类账簿结合起来,设置联合账簿。

3. 备查账簿

备查账簿(或称辅助登记簿),简称备查簿,是对某些在序时账簿和分类账簿等主要账簿中都不予登记或登记不够详细的经济业务进行补充登记时使用的账簿,如租入固定资产备查簿。备查账簿与序时账簿和分类账簿相比,存在两点不同之处:一是登记依据可能不需要记账凭证,甚至不需要一般意义上的原始凭证;二是账簿的格式和登记方法不同,备查账簿的主要栏目不记录金额,更注重用文字来表述某项经济业务的发生情况,如租入固定资产登记簿。它登记的依据主要就是租赁合同与企事业内部使用单位收到设备的证明。这二者在企业一般经济业务的核算中,不能充当正式原始凭证,只能作为原始凭证的附件(如作为支付租金的依据)。登记租入固定资产备查簿,也不需要编制记账凭证。该备查簿记录的内容主要有出租单位、设备名称、规格、编号、设备原值、净值、租用时间、月份或年度租金数额、租金支付、租用期间修理或发行的有关规定及损坏赔偿规定、期满退租方式及退租时间等。

### (二)按账页格式分类

按账页格式不同,账簿可分为两栏式、三栏式、多栏式和数量金额式4种。

#### 1. 两栏式账簿

即只有借方和贷方两个基本金额栏目的账簿。普通日记账和转账日记账一般采用两栏式。

#### 2. 三栏式账簿

三栏式账簿是设有借方、贷方和余额3个基本栏目的账簿。各种日记账、总分类账,以及资本、债权、债务明细账都可采用三栏式账簿。三栏式账簿又分为设对方科目和不设对方科目两种。二者的区别是在摘要栏和借方科目栏之间是否有一栏“对方科目”。有“对方科目”栏的,称为设对方科目的三栏式账簿;不设“对方科目”栏的,称为不设对方科目的三栏式账簿,也称为一般三栏式账簿。

#### 3. 多栏式账簿

多栏式账簿是在账簿的两个基本栏目借方和贷方按需要分设若干专栏的账簿,如多栏式日记账、多栏式明细账。但是,专栏设置在借方,还是设在贷方,或是两方同时设专栏,设多少专栏,则根据需要确定。收入、费用明细账一般均采用这种格式的账簿。

#### 4. 数量金额式账簿

这种账簿的借方、贷方和余额3个栏目内,都分设数量、单价和金额三小栏,借以登记财产物资的实物数量和价值量。例如,原材料、库存商品、产成品等明细账一般都采用数量金额式账簿。

#### 5. 横线登记式账簿

横线登记式账簿,又称平行式账簿,是指将前后密切相关的经济业务登记在同一行上,以便检查每笔业务的发生和完成情况的账簿。

### (三)按外形特征分类

账簿按其外形特征的不同,可分为订本账、活页账和卡片账3种。

#### 1. 订本账

订本账是启用之前就已将账页装订在一起,并对账页进行了连续编号的账簿。订本账的优点是能避免账页散失和防止抽换账页;其缺点是不能准确地为各账户预留账页,预留太多,造成浪费,预留太少,影响连续登记。这种账簿一般适用于总分类账、现金日记账、银行存款日记账。

2. 活页账

活页账是在账簿登记完毕之前并不固定装订在一起,而是装在活页账夹中。当账簿登记完毕之后(通常是一个会计年度结束之后),才将账页予以装订,加具封面,并给各账页连续编号。这类账簿的优点是记账时可根据实际需要,随时将空白账页装入账簿,或者抽去不用的账页,也便于分工记账;其缺点是如果管理不善,可能会造成账页散失或故意抽换账页。各种明细分类账一般采用活页账形式。

3. 卡片账

卡片账是将账户所需格式印刷在硬卡上。严格地说,卡片账也是一种活页账,只不过它不是装在活页账夹中,而是装在卡片箱内。在我国,企业一般只对固定资产的核算采用卡片账形式。因为固定资产在长期使用中其实物形态不变,又可能经常转移使用部门,所以设置卡片账便于随同实物转移。少数企业在材料核算中也使用材料卡片。

## 第二节　会计账簿的启用和登记要求

**知识链接**

《会计法》第十五条:会计账簿登记,必须以经过审核的会计凭证为依据,并符合有关法律、行政法规和国家统一的会计制度的规定。会计账簿包括总账、明细账、日记账和其他辅助性账簿。会计账簿应当按照连续编号的页码顺序登记。会计账簿记录发生错误,或者隔页、缺号、跳行的,应当按照国家统一的会计制度规定的方法更正,并由会计人员和会计机构负责人(会计主管人员)在更正处盖章。

### 一、会计账簿的启用

启用会计账簿时,应当在账簿封面上写明单位名称和账簿名称,并在账簿扉页上附启用表。启用订本式账簿应当从第一页到最后一页顺序编定页数,不得跳页、缺号。使用活页式账簿应当按账户顺序编号,并须定期装订成册,装订后再按实际使用的账页顺序编定页码,另加目录,以便于记明每个账户的名称和页次。

### 二、会计账簿的登记要求

为了保证账簿记录的正确性,必须根据审核无误的会计凭证登记会计账簿,并符合有关法律、行政法规和国家统一的会计准则制度的规定。

1. 准确完整

登记会计账簿时,应当将会计凭证日期、编号、业务内容摘要、金额和其他有关资料逐项记入账内,做到数字准确、摘要清楚、登记及时、字迹工整。每一项会计事项,一方面要记入有关的总账,另一方面要记入该总账所属的明细账。账簿记录中的日期,应该填写记账凭证上的日期。以自制原始凭证,如收料单、领料单等,作为记账依据的,账簿记录中的日期应按有关自制凭证上的日期填列。

2. 注明记账符号

账簿登记完毕，应在记账凭证上签名或盖章，并在记账凭证的“过账”栏内注明账簿页数或打钩，表示记账完毕，避免重记、漏记。

3. 书写留空

账簿中书写的文字和数字不要占满格，一般应占格距的1/2。这样，在一旦发生登记错误时，能比较容易地进行更正，同时也方便查账工作。

4. 正常记账使用蓝黑墨水

为了保持账簿记录的持久性，防止涂改，登记账簿必须使用蓝黑墨水并用钢笔书写，不得使用圆珠笔（银行的复写账簿除外）或铅笔书写。

5. 特殊记账使用红墨水

可使用红墨水的情况包括：按照红字冲账的记账凭证，冲销错误记录；在不设借、贷等栏的多栏式账页中，登记减少数；在三栏式账户的余额栏前，如未印明余额方向的，在余额栏内登记负数余额；根据国家统一的会计制度的规定可以用红字登记的其他会计记录。会计中的红字表示负数，因此，除上述情况外，不得用红墨水登记账簿。

6. 顺序连续登记

记账时，必须按账户页次逐页逐行登记，不得隔页、跳行，如发生隔页、跳行现象，应在空页、空行处用红墨水画对角线注销，或者注明“此页空白”或“此行空白”字样，并由记账人员和会计机构负责人（会计主管人员）签章。

7. 结出余额

凡需要结出余额的账户，结出余额后，应当在“借或贷”栏注明“借”或“贷”字样，以示余额的方向；对于没有余额的账户，应在“借或贷”栏内写“平”字，在“余额”栏用“0”表示。现金日记账和银行存款日记账必须逐日结出余额。

8. 过次承前

每一账页登记完毕时，应当结出本页发生额合计及余额，在该账页最末一行有关金额栏内，在该行“摘要”栏注明“承前页”，以保持账簿记录的连续性，便于对账和结账。

9. 不得刮擦涂改

如发生账簿记录错误，不得刮、擦、挖补或用褪色药水更改字迹，而应采用规定的方法更正。

## 第三节　会计账簿的格式与登记方法

### 一、日记账的格式与登记方法

日记账是按业务发生或完成时间先后顺序逐笔进行登记的账簿。设置日记账的目的就是使经济业务的时间顺序清晰地反映在账簿记录中。日记账的设置和登记方法如下。

#### （一）现金日记账

现金日记账是用来核算和监督库存现金每天的收入、支出和结存情况的账簿。由出纳人员根据同现金收付有关的记账凭证，按时间顺序逐日逐笔进行登记，即根据现金收款凭证和与现金有关的银行存款付款凭证登记,逐日结出现金余额,与库存现金实存数核对,以检查每日现金收付是否有误。

现金日记账的格式有三栏式和多栏式两种,以下介绍“三栏式”。

三栏式现金日记账设借方、贷方和余额3个基本的金额栏目。在金额栏与摘要栏之间常插入“对方科目”,以便记账时标明现金收入的来源科目和现金支出的用途科目。三栏式现金日记账的格式如表7.2所示。

表7.2　库存现金日记账(三栏式)　第　页

| 年 | | 凭证号 | 摘　要 | 对方账户 | 借　方 | 贷　方 | 余　额 |
|---|---|---|---|---|---|---|---|
| 月 | 日 | | | | | | |
| | | | | | | | |
| | | | | | | | |
| | | | | | | | |
| | | | | | | | |
| | | | | | | | |

### (二)银行存款日记账

银行存款日记账是用来核算和监督银行存款每日的收入、支出和结余情况的账簿。银行存款日记账应按企业在银行开立的账户和币种分别设置,每个银行账户设置一本日记账。由出纳员根据与银行存款收付业务有关的记账凭证,按时间先后顺序逐日逐笔进行登记。根据银行存款收款凭证和有关的现金付款凭证(库存现金存入银行的业务)登记银行存款收入栏,根据银行存款付款凭证登记其支出栏,每日结出存款余额。

银行存款日记账的格式与现金日记账相同,可以采用三栏式,也可以采用多栏式。银行存款日记账的登记方法与库存现金日记账也相同,不再重复。

## 二、总分类账的格式与登记方法

总分类账是按照总分类账户分类登记以提供总括会计信息的账簿。总账中的账页是按总账科目(一级科目)开设的总分类账户。应用总分类账,可以全面、系统、综合地反映企业所有的经济活动情况和财务收支情况,可以为编制会计报表提供所需的资料。因此,每一企业都应设置总分类账。

总分类账最常用的格式为三栏式,设置借方、贷方和余额3个基本金额栏目。表7.3所示为设对方科目的三栏式总分类账。

表 7.3　　总分类账(设对方科目的三栏式)

账户名称：　　　　元

| 年 | | 凭证号 | 摘　要 | 对方科目 | 借方金额 | 贷方金额 | 借或贷 | 余　额 |
|---|---|---|---|---|---|---|---|---|
| 月 | 日 | | | | | | | |
| | | | | | | | | |
| | | | | | | | | |
| | | | | | | | | |
| | | | | | | | | |
| | | | | | | | | |
| | | | | | | | | |
| | | | | | | | | |

总分类账的记账依据和登记方法取决于企业采用的账务处理程序。既可以根据记账凭证逐笔登记,也可以根据经过汇总的科目汇总表或汇总记账凭证等登记。

## 三、明细分类账的格式和登记方法

明细分类账是根据二级账户或明细账户开设账页,分类、连续地登记经济业务以提供明细核算资料的账簿。明细分类账是总分类账的明细记录,是按照总分类账的核算内容,并按照更加详细的分类,反映某一具体类别经济活动的财务收支情况。它对总分类账起补充说明的作用,其所提供的资料也是编制会计报表的重要依据。

明细分类账的格式有三栏式、多栏式、数量金额式和横线登记式(或称平行式)等多种,现分别介绍如下。

### (一) 三栏式明细分类账

三栏式明细分类账是设有借方、贷方和余额 3 个栏目,用以分类核算各项经济业务,提供详细核算资料的账簿,其格式与三栏式总账格式相同。表 7.3 也可以用作明细账。

三栏式明细账适用于只进行金额核算账户,如应收账款、应付账款、应交税费等往来结算账户。

### (二) 多栏式明细分类账

多栏式明细分类账是指在借方栏或贷方栏下按照需要设多个栏目,用以反映经济业务不同内容的账簿。这种格式适用于收入、费用明细账,如管理费用明细账。

表 7.4

管理费用明细分类账

元

| 年 | | 凭证号 | 摘要 | 借方 | | | | | | | |
|---|---|---|---|---|---|---|---|---|---|---|---|
| 月 | 日 | | | 工资及福利费 | 办公费 | 差旅费 | 折旧费 | 修理费 | 工会经费 | …… | 合计 |
| | | | | | | | | | | | |
| | | | | | | | | | | | |
| | | | | | | | | | | | |
| | | | | | | | | | | | |
| | | | | | | | | | | | |
| | | | | | | | | | | | |

## （三）数量金额式明细分类账

数量金额式明细分类账适用于既要进行金额核算又要进行数量核算的账户，如原材料、库存商品、包装物和低值易耗品等存货账户，其借方（收入）、贷方（发出）和余额（结存）都分别设有数量、单价和金额3个专栏。其格式如表7.5所示。



表 7.5

库存商品明细分类账

类　　别：　　　　　　　　　　　　　　库存商品编号：

品名或规格：　　　　　　　　　　　　　储 备 定 额：

存 放 地 点：　　　　　　　　　　　　　计 量 单 位：

| 年 | | 凭证号 | 摘要 | 收入 | | | 发出 | | | 结存 | | |
|---|---|---|---|---|---|---|---|---|---|---|---|---|
| 月 | 日 | | | 数量 | 单价 | 金额/元 | 数量 | 单价 | 金额 | 数量 | 单价 | 金额/元 |
| | | | | | | | | | | | | |
| | | | | | | | | | | | | |
| | | | | | | | | | | | | |
| | | | | | | | | | | | | |
| | | | | | | | | | | | | |
| | | | | | | | | | | | | |

数量金额式明细分类账提供了企业有关财产物资的数量和金额收、发、存的详细资料，采用这一格式的明细分类账能加强对财产物资的实物管理和使用监督，从而保证这些财产物资的安全、完整。

## （四）横线登记式明细分类账

这种明细账实际上也是一种多栏式明细账，其登记方法是采用横线登记，即将每一相关的业务登记在一行，从而可依据每一行各个栏上的登记是否齐全来判断该项业务的进展情况。这种明细账适用于登记材料采购业务、应收票据和一次性备用金业务。

现以"其他应收款"账户的备用金明细账为例来说明该类明细账的登记方法。例如，中东公司2014年3月发生这些有关业务：3月5日职工李明借款1 500元，3月7日张军借款600

元,3 月 26 日张军报销 600 元,上述业务记账之后,有关备用金明细账的内容如表 7.6 所示。

**表 7.6**　　**其他应收款——备用金明细账**　　元

| 2014 年 | | 凭证号 | 摘要 | 借　方 | | | 2014 年 | | 凭证号 | 摘要 | 贷　方 | | | 余额 |
|---|---|---|---|---|---|---|---|---|---|---|---|---|---|---|
| 月 | 日 | | | 原借 | 补付 | 合计 | 月 | 日 | | | 报销 | 退 | 合计 | |
| 3 | 5 | 6 | 李明 | 1 500 | | | | | | | | | | |
| | 7 | 10 | 张军 | 600 | | 600 | 3 | 26 | 90 | 报销 | 600 | | 600 | 0 |
| | | | | | | | | | | | | | | |
| | | | | | | | | | | | | | | |
| | | | | | | | | | | | | | | |
| | | | | | | | | | | | | | | |
| | | | | | | | | | | | | | | |

## 四、总分类账户与明细分类账户的平行登记

### (一) 总分类账户与明细分类账户的关系

总分类账户是所属明细分类账户的统驭账户,对所属明细分类账户起着控制作用;明细分类账户则是总分类账户的从属账户,对其所隶属的总分类账户起着辅助作用。总分类账户及其所属明细分类账户的核算对象是相同的,它们所提供的核算资料互相补充,只有把二者结合起来,才能既总括又详细地反映同一核算内容。因此,总分类账户和明细分类账户必须平行登记。

### (二) 总分类账户与明细分类账户平行登记的要点

平行登记是指对所发生的每项经济业务都要以会计凭证为依据,一方面记入有关总分类账户,另一方面记入所属明细分类账户的方法。

总分类账户与明细分类账户平行登记的要点是方向相同、期间一致、金额相等。

***例 7－1***　2014 年 11 月末,中东公司有关账户的期初余额如下。

1. 总分类账户

原材料 175 000 元;应付账款 80 000 元。

2. 明细分类账

① 原材料明细账,如表 7.7 所示。

**表 7.7**　　**原材料明细账**　　元

| 原材料 | 单位 | 数量 | 单价 | 金额 |
|---|---|---|---|---|
| 甲材料 | 千克 | 1 000 | 50 | 50 000 |
| 乙材料 | 千克 | 20 | 2 500 | 50 000 |
| 丙材料 | 件 | 2 500 | 30 | 75 000 |
| 合　计 | | | | 175 000 |

② 应付账款明细账，如表7.8所示。

表7.8　　应付账款明细账　　元

| 供货单位 | 余　额 |
| --- | --- |
| 新华公司 | 40 000 |
| 一洋公司 | 20 000 |
| 金城公司 | 20 000 |
| 合　计 | 80 000 |

2014年12月份，中东公司发生以下经济业务。

1）5日，从新华公司购入甲材料3 000千克，每千克50元，计150 000元；购入乙材料30吨，每吨2 500元，计75 000元，材料已验收入库，货款以银行存款付讫。

2）20日，从新华公司购入甲材料2 000千克，每千克50元，计100 000元，材料验收入库，货款尚未支付。



3）26日，从金城公司购入丙材料7 500件，每件30元，计225 000元，材料验收入库，货款尚未支付。

4）30日，材料仓库本月共发出投入产品生产的各种材料如表7.9所示。

表7.9　　投入产品生产的各种材料　　元

| 原材料 | 单　位 | 数　量 | 单　价 | 金　额 |
| --- | --- | --- | --- | --- |
| 甲材料 | 千克 | 4 000 | 50 | 200 000 |
| 乙材料 | 千克 | 40 | 2 500 | 100 000 |
| 丙材料 | 件 | 8 000 | 30 | 240 000 |
| 合　计 | | | | 540 000 |

根据发生的经济业务编制以下会计分录。

① 借：原材料——甲材料　　150 000
　　　　　　——乙材料　　75 000
　　贷：银行存款　　225 000

② 借：原材料——甲材料　　100 000
　　贷：应付账款　　100 000

③ 借：原材料——丙材料　　225 000
　　贷：应付账款　　225 000

④ 借：生产成本　　540 000
　　贷：原材料——甲材料　　200 000
　　　　　　　——乙材料　　100 000
　　　　　　　——丙材料　　240 000

根据编制的会计分录和平行登记的要点登记原材料总账及明细账，如表7.10至表7.13所示。

表 7.10　　总分类账

会计科目:原材料　　元

| 2014 年 | | 凭证号 | 摘　要 | 借　方 | 贷　方 | 借或贷 | 余　额 |
|---|---|---|---|---|---|---|---|
| 月 | 日 | | | | | | |
| 12 | 1 | | 期初余额 | | | 借 | 175 000 |
| | 5 | 1 | | 225 000 | | 借 | 400 000 |
| | 20 | 2 | | 100 000 | | 借 | 500 000 |
| | 26 | 3 | | 225 000 | | 借 | 725 000 |
| | 30 | 4 | | | 540 000 | 借 | 185 000 |
| | | | | | | | |
| | | | | | | | |

表 7.11　　原材料明细分类账

类　　别:　　编　　号:

品名或规格:甲材料　　储备定额:

存 放 地 点:　　计量单位:

| 2014 年 | | 凭证号 | 摘　要 | 收　入 | | | 发　出 | | | 结　存 | | |
|---|---|---|---|---|---|---|---|---|---|---|---|---|
| 月 | 日 | | | 数量 | 单价 | 金额/元 | 数量 | 单价 | 金额 | 数量 | 单价 | 金额/元 |
| 12 | 1 | | 期初结存 | 1 000 | 50 | 50 000 | | | | 1 000 | 50 | 50 000 |
| | 5 | 1 | 购进 | 3 000 | 50 | 150 000 | | | | 4 000 | 50 | 200 000 |
| | 20 | 2 | 购进 | 2 000 | 50 | 100 000 | | | | 6 000 | 50 | 300 000 |
| | 30 | 4 | 领用 | | | | 4 000 | 50 | 200 000 | 2 000 | 50 | 100 000 |
| | | | | | | | | | | | | |
| | | | | | | | | | | | | |

表 7.12　　原材料明细分类账

类　　别:　　编　　号:

品名或规格: 乙材料　　储备定额:

存 放 地 点:　　计量单位:

| 2014 年 | | 凭证号 | 摘　要 | 收　入 | | | 发　出 | | | 结　存 | | |
|---|---|---|---|---|---|---|---|---|---|---|---|---|
| 月 | 日 | | | 数量 | 单价 | 金额/元 | 数量 | 单价 | 金额 | 数量 | 单价 | 金额/元 |
| 12 | 1 | | 期初结存 | 20 | 2 500 | 50 000 | | | | 20 | 2 500 | 50 000 |
| | 5 | 1 | 购进 | 30 | 2 500 | 75 000 | | | | 50 | 2 500 | 125 000 |
| | 30 | 4 | 领用 | | | | 40 | 2 500 | 100 000 | 10 | 2 500 | 25 000 |
| | | | | | | | | | | | | |
| | | | | | | | | | | | | |

表 7.13　　　　原材料明细分类账

类　　别:　　　　　　　　　　　　　　编　　号:
品名或规格:丙材料　　　　　　　　　　储备定额:
存 放 地 点:　　　　　　　　　　　　　计量单位:

| 2014 年 | | 凭证号 | 摘　要 | 收　入 | | | 发　出 | | | 结　存 | | |
|---|---|---|---|---|---|---|---|---|---|---|---|---|
| 月 | 日 | | | 数量 | 单价 | 金额/元 | 数量 | 单价 | 金额 | 数量 | 单价 | 金额/元 |
| 12 | 1 | | 期初结存 | 2 500 | 30 | 75 000 | | | | 2 500 | 30 | 75 000 |
| | 26 | 3 | 购进 | 7 500 | 30 | 225 000 | | | | 10 000 | 30 | 300 000 |
| | 30 | 4 | 领用 | | | | 8 000 | 30 | 240 000 | 2 000 | 30 | 60 000 |
| | | | | | | | | | | | | |
| | | | | | | | | | | | | |

## 第四节　对账与结账

### 一、对账

#### （一）对账的概念

对账就是核对账目,是对账簿记录所进行的核对工作。

#### （二）对账的内容

对账一般可以分为账证核对、账账核对和账实核对。

1. 账证核对

账簿是根据经过审核之后的会计凭证登记的,但在实际工作中仍然可能发生账证不符的情况。因此,记完账后,要将账簿记录与会计凭证进行核对,核对账簿记录与原始凭证、记账凭证的时间、凭证字号、内容、金额等是否一致,记账方向是否相符,做到账证相符。

会计期末,如果发现账证不符,还有必要重新进行账证核对,但这时的账证核对是通过试算平衡发现记账错误之后再按一定的线索进行的。

**小知识**

账证相符是保证账账相符、账实相符的基础。

2. 账账核对

各个会计账簿是一个有机的整体,既有分工,又有衔接,总的目的就是全面、系统、综合地反映企事业单位的经济活动与财务收支情况。各种账簿之间的这种衔接依存关系就是常说的勾稽关系。利用这种关系,可以通过账簿的相互核对发现记账工作是否有误。一旦发现错误,就应立即更正,做到账账相符。

账簿之间的核对包括以下内容。

① 核对总分类账簿的记录。按照“资产 = 负债 + 所有者权益”这一会计等式和“有借必有贷，借贷必相等”的记账规律，总分类账簿各账户的期初余额、本期发生额和期末余额之间存在对应的平衡关系，各账户的期末借方余额合计和贷方余额合计也存在平衡关系。通过这种等式和平衡关系，可以检查总账记录是否正确、完整。这项核对工作通常采用编制总分类账户本期发生额和余额对照表（简称试算平衡表）来完成。试算平衡表的格式如表7.14所示。

表7.14　总分类账户本期发生额和余额对照表

（试算平衡表）

年　月

| 账户名称 | 期初余额 | | 本期发生额 | | 期末余额 | |
|---|---|---|---|---|---|---|
| | 借　方 | 贷　方 | 借　方 | 贷　方 | 借　方 | 贷　方 |
| 现金<br>银行存款<br>应收账款<br>库存商品<br>…… | | | | | | |
| 合　计 | | | | | | |

② 总分类账簿与所属明细分类账簿核对。总分类账各账户的期末余额应与其所属的各明细分类账的期末余额之和核对相符。

③ 总分类账簿与序时账簿核对。如前所述，我国企业、事业等单位必须设置现金日记账和银行存款日记账。现金日记账必须每天与库存现金核对相符，银行存款日记账也必须定期与银行对账。在此基础上，还应检查现金总账和银行存款总账的期末余额，与现金日记账和银行存款日记账的期末余额是否相符。

④ 明细分类账簿之间的核对。例如，会计部门有关实物资产的明细账与财产物资保管部门或使用部门的明细账定期核对，以检查其余额是否相符。核对的方法一般是由财产物资保管部门或使用部门定期编制收发结存汇总表报会计部门核对。

3. 账实核对

**知识链接**

《会计法》第十七条：各单位应当定期将会计账簿记录与实物、款项及有关资料相互核对，保证会计账簿记录与实物及款项的实有数额相符、会计账簿记录与会计凭证的有关内容相符、会计账簿之间相对应的记录相符、会计账簿记录与会计报表的有关内容相符。

账实核对是指各项财产物资、债权债务等账面余额与实有数额之间的核对。

账实核对的主要内容如下。

① 现金日记账账面余额与库存现金数额是否相符。

② 银行存款日记账账面余额与银行对账单的余额是否相符。

③ 各项财产物资明细账账面余额与财产物资的实有数额是否相符。

④ 有关债权债务明细账账面余额与对方单位的账面记录是否相符等。

**小知识**

账实核对一般通过财产清查的方法进行,财产清查是会计核算的一种专门方法。

## 二、结账

### (一) 结账的概念

结账是一项将账簿记录定期结算清楚的账务工作。在一定时期结束时(如月末、季末或年末),为了编制会计报表,需要进行结账。结账的内容通常包括两个方面:一是结清各种损益类账户,并据以计算确定本期利润;二是结清各资产、负债和所有者权益账户,分别结出本期发生额合计和余额。



### (二) 结账的程序

1) 将本期发生的经济业务全部登记入账,并保证其正确性。

2) 根据权责发生制的要求,调整有关账项,合理地确定本期应计的收入和应计的费用。

3) 将损益类科目转入"本年利润"账户,结平所有损益类科目。

4) 结算出资产、负债和所有者权益科目的本期发生额和余额,并结转下期。

### (三) 结账的方法

① 对不需按月结计本期发生额的账户,如各项应收应付款明细账和各项财产物资明细账等,每次记账以后,都要随时结出余额,每月最后一笔余额即为月末余额。也就是说,月末余额就是本月最后一笔经济业务记录的同一行内余额。月末结账时,只需在最后一笔经济业务记录之下通栏画单红线,不需要再结计一次余额。

② 现金、银行存款日记账和需要按月结计发生额的收入、费用等明细账,每月结账时,要在最后一笔经济业务下通栏画单红线,结出本月发生额和余额,在摘要栏内注明"本月合计"字样,在下面通栏画单红线。

③ 需要结计本年累计发生额的某些明细账户,每月结账时,应在"本月合计"行下结出自年初起至本月末止的累计发生额,登记在月份发生额下面,在摘要栏内注明"本年累计"字样,并在下面通栏画单红线。12 月末的"本年累计"就是全年累计发生额,在全年累计发生额下通栏画双红线。

④ 总账账户平时只需结出月末余额。年终结账时,为了总括地反映全年各项资金运动情况的全貌,核对账目,要将所有总账账户结出全年发生额和年末余额,在摘要栏内注明"本年合计"字样,并在合计数下通栏画双红线。

⑤ 年度终了结账时,有余额的账户,要将其余额结转下年,并在摘要栏内注明"结转下年"字样,在下一会计年度新建有关会计账户的第一行余额栏内填写上年结转的余额,并在

摘要栏注明“上年结转”字样，即将有余额的账户的余额直接记入新账余额栏内，不需要编制记账凭证，也不必将余额再记入本年账户的借方或贷方，使本年有余额的账户的余额变为0。

# 第五节　错账的查找与更正方法

## 一、错账的查找方法

1. 差数法

差数法是指按照错账的差数查找错账的方法。

2. 尾数法

尾数法是指对于发生的差错只查找末位数，以提高查错效率的方法。这种方法适合于借、贷方金额其他位数都一致，而只有末位数出现差错的情况。

3. 除2法

除2法是指以差数除以2来查找错账的方法。当某个借方金额错记入贷方（或相反）时，出现错账的差数表现为错误的2倍，将此差数用2去除，得出的商即是反向的金额。

4. 除9法

除9法是指以差数除以9来查找错账的方法，适用于这样3种情况：将数字写小；将数字写大；邻数颠倒。

## 二、错账的更正方法

对于账簿记录中所发生的错误，应采用正确的方法予以更正。更正方法如下。

### （一）划线更正法

在结账前发现账簿记录有文字或数字错误，而记账凭证没有错误，可以采用划线更正法。更正时，可在错误的文字或数字上画一条红线，在红线的上方填写正确的文字或数字，并由记账及相关人员在更正处盖章，以明确责任。但应注意：更正时不得只划销错误数字，应将全部数字划销，并保持原有数字清晰可辨，以便审查。例如，将1 256.00元误记为1 526.00元，应先在1 526.00上画一条红线以示注销，如~~1 526.00~~，然后在其上方空白处填写正确的数字，而不能只将后3位数字更正为256。

### （二）红字更正法

红字更正法有以下两种情况。

① 记账后发现记账凭证中的应借、应贷会计科目有错误，从而引起记账错误。更正的方法是：用红字填写一张与原记账凭证完全相同的记账凭证，以示注销原记账凭证，然后用蓝字填写一张正确的记账凭证，并据以记账。

**例7-2**　生产车间生产产品直接耗用材料一批，价值3 000元。会计分录误编为：

借：制造费用　　3 000

　　贷：原材料　　3 000

更正时用红字编制一张与原记账凭证完全相同的记账凭证，以示注销原记账凭证(以下分录中□内数字表示红字)：

借：制造费用　　$\boxed{3\ 000}$

　　贷：原材料　　$\boxed{3\ 000}$

然后用蓝字编制一张正确的记账凭证，并记账，分录为：

借：生产成本　　3 000

　　贷：原材料　　3 000

② 记账后发现记账凭证和账簿记录中应借、应贷会计科目无误，只是所记金额大于应记金额。更正的方法是：按多记的金额用红字编制一张与原记账凭证应借、应贷会计科目完全相同的记账凭证，以冲销多记的金额，并据以记账。

**例 7-3**　生产车间生产产品直接耗用材料一批，价值 3 000 元。会计分录误编为：

借：生产成本　　30 000

　　贷：原材料　　30 000



上例中的金额误记为 30 000 元，所用会计科目正确，则更正的会计分录为：

借：生产成本　　$\boxed{27\ 000}$

　　贷：原材料　　$\boxed{27\ 000}$

### (三) 补充登记法(又称补充更正法)

记账后发现记账凭证和账簿记录中应借、应贷会计科目无误，只是所记金额小于应记金额。更正的方法是：按少记的金额用蓝字编制一张与原记账凭证应借、应贷科目完全相同的记账凭证，以补充少记的金额，并据以记账。

**例 7-4**　生产车间生产产品直接耗用材料一批，价值 3 000 元。会计分录误编为：

借：生产成本　　300

　　贷：原材料　　300

上例中的金额误记为 300 元，所用会计科目正确，则更正的会计分录为：

借：生产成本　　2 700

　　贷：原材料　　2 700

## 课后训练

### 一、单选题

1. (　　)是按照经济业务发生或完成时间的先后顺序逐日逐笔进行登记的账簿。

　A. 分类账簿　　B. 总账账簿　　C. 明细账簿　　D. 序时账簿

2. 对账的主要内容包括(　　)。

A. 账实核对、账表核对、账账核对　　B. 账账核对、账证核对、账表核对
C. 账账核对、账证核对、表表核对　　D. 账证核对、账账核对、账实核对

3. 凡结账前发现记账凭证正确而登记账簿时发生的错误,可用(　　)更正。
A. 划线更正法　　B. 红字更正法　　C. 补充登记法　　D. 涂改法

4. 会计账簿中,可以跨年度连续使用的是(　　)。
A. 总账　　B. 日记账　　C. 费用明细账　　D. 固定资产卡片账

5. 账簿记录的日期,应按(　　)的日期填列。
A. 原始凭证　　B. 记账凭证　　C. 登记总账　　D. 登记明细账

## 二、多选题

1. 属于备查簿的是(　　　　)。
A. 现金日记账　　B. 银行存款日记账
C. 租入固定资产登记簿　　D. 代销商品登记簿

2. (　　　　)应采用三栏式账页。
A. 应付账款明细账　B. 银行存款日记账　C. 原材料总账　D. 库存商品明细账

3. (　　　　)可能采用多栏式账页。
A. 主营业务收入明细账　　B. 销售费用明细账
C. 原材料明细账　　D. 生产成本明细账

4. 按账簿的外表形式分类,账簿可分为(　　　　)。
A. 卡片式账簿　　B. 备查账簿　　C. 订本式账簿　　D. 活页式账簿

5. 会计账簿的基本内容有(　　　　)。
A. 封面　　B. 封底　　C. 扉页　　D. 账页

## 三、判断题

1. 各单位均应当设置现金日记账与银行存款日记账。　(　)
2. 会计凭证所提供的核算资料是零散的,而会计账簿提供的资料是全面、连续、系统的。　(　)
3. 登记账簿时,发生的空行、空页一定要补充书写,不得注销。　(　)
4. 总账采用订本式,其账页格式一般为三栏式。　(　)
5. 结账时,没有余额的账户,应当在"借或贷"栏内用"0"表示。　(　)

## 四、计算题

### 习　题　一

**目的**　掌握库存现金日记账与银行存款日记账的登账方法。

**要求**

1. 根据下述资料登记"库存现金日记账"和"银行存款日记账"的月初余额。
2. 根据中东公司发生的经济业务编制记账凭证。
3. 根据所填制的记账凭证登记"库存现金日记账"和"银行存款日记账",并结出本月合

计数。

**资料**　中东公司2014年6月初“库存现金日记账”借方余额为3 000元，银行存款日记账余额为58 000元。6月份发生以下经济业务。

1）6月4日，供销业务员李朋出差，预支差旅费1 000元，支付现金。

2）6月4日，开出现金支票提取现金800元备用。

3）6月4日，将现金2 000元存入银行。

4）6月4日，以现金500元支付办公用品费。

5）6月7日，以转账支票3 000元支付水电费。

6）6月10日，采购材料一批，价款20 000元，增值税3 400元，以存款支付。

7）6月12日，销售产品一批，售价30 000元，增值税5 100元，款项存入银行。

8）6月15日，开出现金支票20 000元备发工资。

9）6月15日，以现金20 000元发放工资。

10）6月20日，以银行存款25 000元购入一台设备。

## 习　题　二



**目的**　掌握错账更正的方法。

**要求**

1. 指出下述错账应采用何种更正方法。
2. 编制错账更正的会计分录。

**资料**　企业会计人员在结账前进行对账时，查找出以下错账。

1. 用银行存款归还短期借款10 000元。编制的会计分录为：

借：短期借款　　10 000

　　贷：银行存款　　10 000

在记账后结账前，“短期借款”账户记录为100 000元。

2. 用库存现金支付购买办公用品价款960元。编制的会计分录为：

借：管理费用　　960

　　贷：银行存款　　960

3. 用现金支付业务招待费500元。编制的会计分录为：

借：管理费用　　5 000

　　贷：库存现金　　5 000

4. 计提车间固定资产折旧20 000元。编制的会计分录为：

借：制造费用　　2 000

　　贷：累计折旧　　2 000

# 模块八

# 账务处理程序

## 学习目标

了解会计的企业账务处理程序的概念与意义，熟悉账务处理程序的一般步骤，掌握企业账务处理程序的种类，掌握记账凭证、汇总记账凭证和科目汇总表账务处理程序的内容。

## 课前热身

1. 复习会计核算的方法。
2. 复习主要业务的核算。

## 模块认知

账务处理程序是做好会计工作的一个重要条件，科学、合理地选择账务处理程序具有非常重要的意义。因此，各单位应结合自身的业务特点采用适当的会计核算程序。

## 第一节　账务处理程序概述

### 一、账务处理程序的概念与意义

账务处理程序，又称会计核算组织程序或会计核算形式，是指会计凭证、会计账簿、财务报表相结合的方式，包括账簿组织和记账程序。账簿组织是指会计凭证和会计账簿的种类、格式，会计凭证与账簿之间的联系方法；记账程序是指由填制、审核原始凭证到填制、审核记账凭证，登记日记账、明细分类账和总分类账，编制财务报表的工作程序和方法等。

账务处理程序的意义是：有利于规范会计工作，保证会计信息加工过程的严密性，提高会计信息质量；有利于保证会计记录的完整性和正确性，增强会计信息的可靠性；有利于减少不必要的会计核算环节，提高会计工作效率，保证会计信息的及时性。

### 二、账务处理程序的种类

不同的账簿组织和记账程序有机地结合在一起，就构成了不同的账务处理程序。企业常用的账务处理程序主要有记账凭证账务处理程序、汇总记账凭证账务处理程序和科目汇总表账务处理程序等。它们之间的主要区别为登记总分类账的依据和方法不同。

### （一）记账凭证账务处理程序

记账凭证账务处理程序是指对发生的经济业务，先根据原始凭证或汇总原始凭证填制记账凭证，再直接根据记账凭证登记总分类账的一种账务处理程序。

### （二）汇总记账凭证账务处理程序

汇总记账凭证账务处理程序是指先根据原始凭证或汇总原始凭证填制记账凭证，定期根据记账凭证分类编制汇总收款凭证、汇总付款凭证和汇总转账凭证，再根据汇总记账凭证登记总分类账的一种账务处理程序。

### （三）科目汇总表账务处理程序

科目汇总表账务处理程序，又称记账凭证汇总表账务处理程序，是指根据记账凭证定期编制科目汇总表，再根据科目汇总表登记总分类账的一种账务处理程序。



# 第二节　记账凭证账务处理程序

## 一、记账凭证账务处理程序的一般步骤

记账凭证账务处理程序的一般步骤如下。

1）根据原始凭证填制原始凭证汇总表。

2）根据原始凭证或原始凭证汇总表，填制收款凭证、付款凭证和转账凭证，也可以填制通用记账凭证。

3）根据收款凭证和付款凭证逐笔登记库存现金日记账和银行存款日记账。

4）根据原始凭证、原始凭证汇总表和记账凭证，登记各种明细分类账。

5）根据记账凭证逐笔登记总分类账。

6）期末，将库存现金日记账、银行存款日记账和明细分类账的余额与有关总分类账的余额核对相符。

7）期末，根据总分类账和明细分类账的记录编制财务报表。

记账凭证账务处理程序如图 8.1 所示。

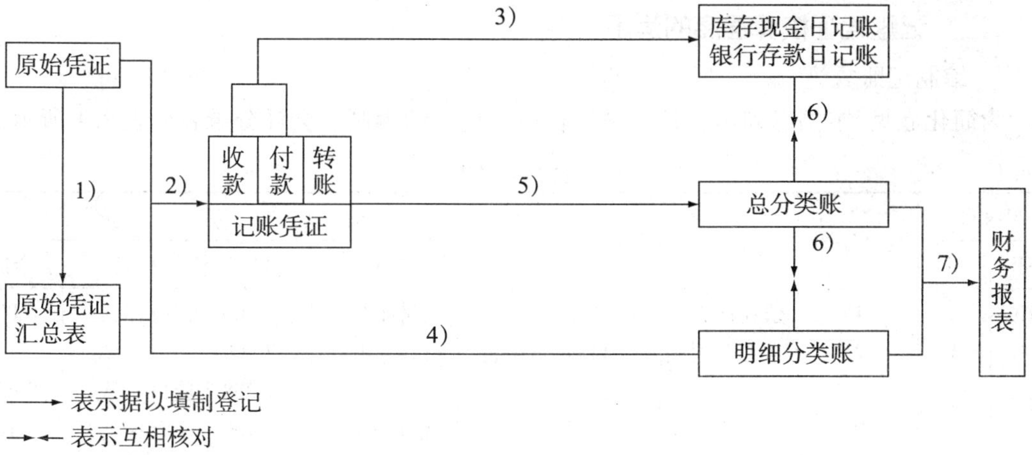


**图 8.1　记账凭证账务处理程序**

## 二、记账凭证账务处理程序的内容

### （一）特点

记账凭证账务处理程序的特点是直接根据记账凭证对总分类账进行逐笔登记。

### （二）优缺点

记账凭证账务处理程序的优点是简单明了,易于理解,总分类账可以较详细地反映经济业务的发生情况;缺点是登记总分类账的工作量较大。

### （三）适用范围

该账务处理程序适用于规模较小、经济业务量较少的单位。

## 三、记账凭证核算程序应用举例

### （一）核算资料

中东公司 2014 年 10 月上旬发生以下业务。

1）2 日以银行存款 6 000 元偿还前欠甲公司上月货款。

2）3 日从乙公司购入 A 材料 7 400 元,增值税率 17%,货款尚未支付。

3）3 日以现金支付购入 A 材料运费 100 元。

4）3 日结转 A 材料的实际采购成本 7 500 元。

5）6 日从银行存款中提取现金 200 元备用。

6）7 日从银行借入短期借款 10 000 元存入银行。

7）8 日以银行存款 8 658 元偿还欠乙工厂货款。

8）9 日从甲公司购入 A 材料 8 300 元,增值税率 17%,货款尚未支付。

9）9 日以银行存款 200 元支付 A 材料运杂费。

10）9 日结转 A 材料的实际采购成本 8 500 元。

## （二）记账凭证核算程序的运用

### 1. 编制记账凭证

为简化起见，本例以列示会计分录代替记账凭证的编制。会计分录表如表8.1所示。

表8.1 会计分录表 元

| 2014年 | | 凭证字号 | 摘　要 | 借　方 | | 贷　方 | |
|---|---|---|---|---|---|---|---|
| 月 | 日 | | | 科目 | 金额 | 科目 | 金额 |
| 10 | 2 | 1 | 偿还前欠甲公司上月货款 | 应付账款 | 6 000 | 银行存款 | 6 000 |
| | 3 | 2 | 从乙公司购入A材料，款未付 | 材料采购 | 7 400 | | |
| | | | | 应交税费 | 1 258 | 应付账款 | 8 658 |
| | 3 | 3 | 以现金支付A材料运费 | 材料采购 | 100 | 库存现金 | 100 |
| | 3 | 4 | A材料按实际成本转账 | 原材料 | 7 500 | 材料采购 | 7 500 |
| | 6 | 5 | 从银行提现 | 库存现金 | 200 | 银行存款 | 200 |
| | 7 | 6 | 从银行借款存入银行 | 银行存款 | 10 000 | 短期借款 | 10 000 |
| | 8 | 7 | 偿还乙公司货款 | 应付账款 | 8 658 | 银行存款 | 8 658 |
| | 9 | 8 | 从甲公司购入A材料，款未付 | 材料采购 | 8 300 | | |
| | | | | 应交税费 | 1 411 | 应付账款 | 9 711 |
| | 9 | 9 | 以银行存款支付A材料运费 | 材料采购 | 200 | 银行存款 | 200 |
| | 9 | 10 | A材料按实际成本转账 | 原材料 | 8 500 | 材料采购 | 8 500 |

### 2. 登记日记账

登记日记账，如表8.2、表8.3所示。

表8.2 现金日记账 元

| 2014年 | | 凭证字号 | 摘　要 | 对应账户 | 借　方 | 贷　方 | 余　额 |
|---|---|---|---|---|---|---|---|
| 月 | 日 | | | | | | |
| 10 | 1 | | 期初余额 | | | | 150 |
| | 3 | 3 | 以现金支付运杂费 | 材料采购 | | 100 | 50 |
| | 6 | 5 | 从银行提现 | 银行存款 | 200 | | 250 |
| | … | … | …… | | | | |

表8.3 银行存款日记账 元

| 2014年 | | 凭证字号 | 摘　要 | 对应账户 | 借　方 | 贷　方 | 余　额 |
|---|---|---|---|---|---|---|---|
| 月 | 日 | | | | | | |
| 10 | 1 | | 期初余额 | | | | 13 000 |
| | 2 | 1 | 偿还甲公司上月货款 | 应付账款 | | 6 000 | 7 000 |
| | 6 | 5 | 提取现金 | 库存现金 | | 200 | 6 800 |
| | 7 | 6 | 从银行借款 | 短期借款 | 10 000 | | 16 800 |
| | 8 | 7 | 偿还乙公司货款 | 应付账款 | | 8 658 | 8 142 |
| | 9 | 8 | 支付材料运杂费 | 材料采购 | | 200 | 7 942 |

3. 登记“应付账款”明细分类账(其余账户略)

应付账款明细分类账如表 8.4、表 8.5 所示。

表 8.4　　应付账款明细分类账

户名:甲公司　　第　页

| 2014 年 | | 凭证字号 | 摘　要 | 借方/元 | 贷方/元 | 借或贷 | 余额/元 |
|---|---|---|---|---|---|---|---|
| 月 | 日 | | | | | | |
| 10 | 1 | | 期初余额 | | | 贷 | 6 000 |
| | 2 | 1 | 偿付货款 | 6 000 | | 平 | 0 |
| | 9 | 8 | 购入 A 材料,款未付 | | 9 711 | 贷 | 9 711 |

表 8.5　　应付账款明细分类账

户名:乙公司　　第　页

| 2014 年 | | 凭证字号 | 摘　要 | 借方/元 | 贷方/元 | 借或贷 | 余额/元 |
|---|---|---|---|---|---|---|---|
| 月 | 日 | | | | | | |
| 10 | 3 | 2 | 购入 A 材料 | | 8 658 | 贷 | 8 658 |
| | 8 | 7 | 偿付货款 | 8 658 | | 平 | 0 |

4. 登记“材料采购”、“应付账款”总分类账(其他账户略)

“材料采购”、“应付账款”总分类账如表 8.6、表 8.7 所示。

表 8.6　　总分类账

账户名称:材料采购　　第　页

| 2014 年 | | 凭证字号 | 摘　要 | 借方/元 | 贷方/元 | 借或贷 | 余额/元 |
|---|---|---|---|---|---|---|---|
| 月 | 日 | | | | | | |
| 10 | 3 | 2 | 购入 A 材料 | 7 400 | | 借 | 7 400 |
| | 3 | 3 | 支付运杂费 | 100 | | 借 | 7 500 |
| | 3 | 4 | 结转实际采购成本 | | 7 500 | 平 | 0 |
| | 9 | 8 | 购入 A 材料 | 8 300 | | 借 | 8 300 |
| | 9 | 9 | 支付运杂费 | 200 | | 借 | 8 500 |
| | 9 | 10 | 结转实际采购成本 | | 8 500 | 平 | 0 |

表 8.7　　总分类账

账户名称:应付账款　　第　页

| 2014 年 | | 凭证字号 | 摘　要 | 借方/元 | 贷方/元 | 借或贷 | 余额/元 |
|---|---|---|---|---|---|---|---|
| 月 | 日 | | | | | | |
| 10 | 1 | | 期初余额 | | | 贷 | 6 000 |
| | 2 | 1 | 偿还甲公司上月货款 | 6 000 | | 平 | 0 |
| | 3 | 2 | 应付乙公司货款 | | 8 658 | 贷 | 8 658 |
| | 8 | 7 | 偿还乙公司货款 | 8 658 | | 平 | 0 |
| | 9 | 8 | 应付甲公司货款 | | 9 711 | 贷 | 9 711 |

5. 进行总分类账与日记账、明细分类账的核对

以“应付账款”总分类账与其明细分类账为例进行账账核对,其他账户略。

“应付账款”总分类账户期末贷方余额9 711 元,等于各“应付账款”明细分类账户期末贷方的余额和9 711 元(甲公司贷方期末余额9 711 元 + 乙公司贷方期末余额0)。

6. 编制财务报表

关于财务报表的编制已在相关模块介绍,此处省略。

# 第三节　汇总记账凭证账务处理程序

## 一、汇总记账凭证的编制方法

汇总记账凭证是指对一段时期内同类记账凭证进行定期汇总而编制的记账凭证。汇总记账凭证可以分为汇总收款凭证、汇总付款凭证和汇总转账凭证。3 种凭证各有不同的编制方法。



### (一)汇总收款凭证的编制

汇总收款凭证根据“库存现金”和“银行存款”账户的借方进行编制。汇总收款凭证是在对各账户对应的贷方分类之后,进行汇总编制。总分类账根据各汇总收款凭证的合计数进行登记,分别记入“库存现金”“银行存款”总分类账户的借方,并将汇总收款凭证上各账户贷方的合计数分别记入有关总分类账户的贷方,如表 8. 8 所示。

表8. 8　汇总收款凭证

借方科目:银行存款　　2014 年 10 月份　　第 12 号

| 贷方科目 | 金额<br>1 日—10 日<br>收款凭证<br>第 1 号至 2 号 | 11 日—20 日<br>收款凭证<br>第 3 号至　号 | 21 日—30 日<br>收款凭证<br>第 4 号至 5 号 | 合计 | 总账页数<br>借方 | 贷方 |
|---|---|---|---|---|---|---|
| 实收资本 | 30 000 | | | 30 000 | | |
| 短期借款 | 20 000 | | | 20 000 | | |
| 主营业务收入 | | 120 000 | 70 000 | 190 000 | | |
| 应收账款 | | | 5 000 | 5 000 | | |
| 合　计 | 50 000 | 120 000 | 75 000 | 245 000 | | |

### (二)汇总付款凭证的编制

汇总付款凭证根据“库存现金”和“银行存款”账户的贷方进行编制。汇总付款凭证是在对各账户对应的借方分类之后,进行汇总编制。总分类账根据各汇总付款凭证的合计数进行登记,分别记入“库存现金”、“银行存款”总分类账户的贷方,并将汇总付款凭证上各账户借方的合计数分别记入有关总分类账户的借方,如表 8. 9 所示。

表 8.9　　汇总付款凭证

贷方科目：现金　　2014 年 10 月份　　第 10 号

| 借方科目 | 金额 | | | | 总账页数 | |
|---|---|---|---|---|---|---|
| | 1 日—10 日<br>借款凭证<br>第 1 号至　号 | 11 日—20 日<br>付款凭证<br>第 2 号至　号 | 21 日—30 日<br>付款凭证<br>第 3 号至　号 | 合计 | 借方 | 贷方 |
| 管理费用 | 100 | | | 100 | | |
| 应付职工薪酬 | | 13 500 | | 13 500 | | |
| 其他应付款 | | | 300 | 300 | | |
| 合　计 | 100 | 13 500 | 300 | 13 900 | | |

## （三）汇总转账凭证的编制

汇总转账凭证通常根据所设置账户的贷方进行编制。汇总转账凭证是在对所设置账户相对应的借方账户分类之后，进行汇总编制。总分类账根据各汇总转账凭证的合计数进行登记，分别记入对应账户的总分类账户的贷方，并将汇总转账凭证上各账户借方的合计数分别记入有关总分类账户的借方。值得注意的是，在编制的过程中贷方账户必须唯一，借方账户可以是一个或是多个，即转账凭证必须一借一贷或多借一贷。

如果在一个月内某一贷方账户的转账凭证不多，可不编制汇总转账凭证，直接根据单个的转账凭证登记总分类账。

汇总转账凭证是按照每一账户的贷方分别设置，并根据转账凭证借方账户归类。为了便于编制汇总转账凭证，所有转账凭证中科目的对应关系必须是一个贷方科目与一个或几个借方科目相对应。其格式如表 8.10 所示。

表 8.10　　汇总转账凭证

贷方科目：应付账款　　2014 年 10 月份　　汇转第 15 号

| 借方科目 | 金额 | | | | 总账页数 | |
|---|---|---|---|---|---|---|
| | 1 日—10 日<br>转账凭证<br>第 1 号至　号 | 11 日—20 日<br>转账凭证<br>第 2 号至　号 | 21 日—30 日<br>转账凭证<br>第 3 号至　号 | 合计 | 借方 | 贷方 |
| 材料采购 | 60 000 | | 10 000 | 70 000 | | |
| 合　计 | 60 000 | | 10 000 | 70 000 | | |

根据汇总记账凭证登记应付账款总分类账，如表 8.11 所示。

表 8.11　　　　总分类账

账户名称:应付账款　　　　第 28 页

| 2014 年 | | 凭证 | | 摘要 | 对方科目 | 借方/元 | 贷方/元 | 借或贷 | 余额/元 |
|---|---|---|---|---|---|---|---|---|---|
| 月 | 日 | 种类 | 号数 | | | | | | |
| 10 | 1 | | | 期初余额 | | | | 贷 | 6 000 |
| | 30 | 汇付 | 14 | | 银行存款 | 6 000 | | 平 | 0 |
| | 30 | 汇转 | 15 | | 材料采购 | | 70 000 | 贷 | 70 000 |
| | 30 | | | 本期发生额及余额 | | 6 000 | 70 000 | 贷 | 70 000 |

## 二、汇总记账凭证账务处理程序的一般步骤

汇总记账凭证账务处理程序的一般步骤如下。

1）根据原始凭证填制原始凭证汇总表。

2）根据原始凭证或原始凭证汇总表填制收款凭证、付款凭证和转账凭证,也可以填制通用记账凭证。

3）根据收款凭证、付款凭证逐笔登记库存现金日记账和银行存款日记账。

4）根据原始凭证、原始凭证汇总表和记账凭证登记各种明细分类账。

5）根据各种记账凭证编制有关汇总记账凭证。

6）根据各种汇总记账凭证登记总分类账。

7）期末,将库存现金日记账、银行存款日记账和明细分类账的余额与有关总分类账的余额核对相符。

8）期末,根据总分类账和明细分类账的记录,编制财务报表。

汇总记账凭证账务处理程序如图 8.2 所示。

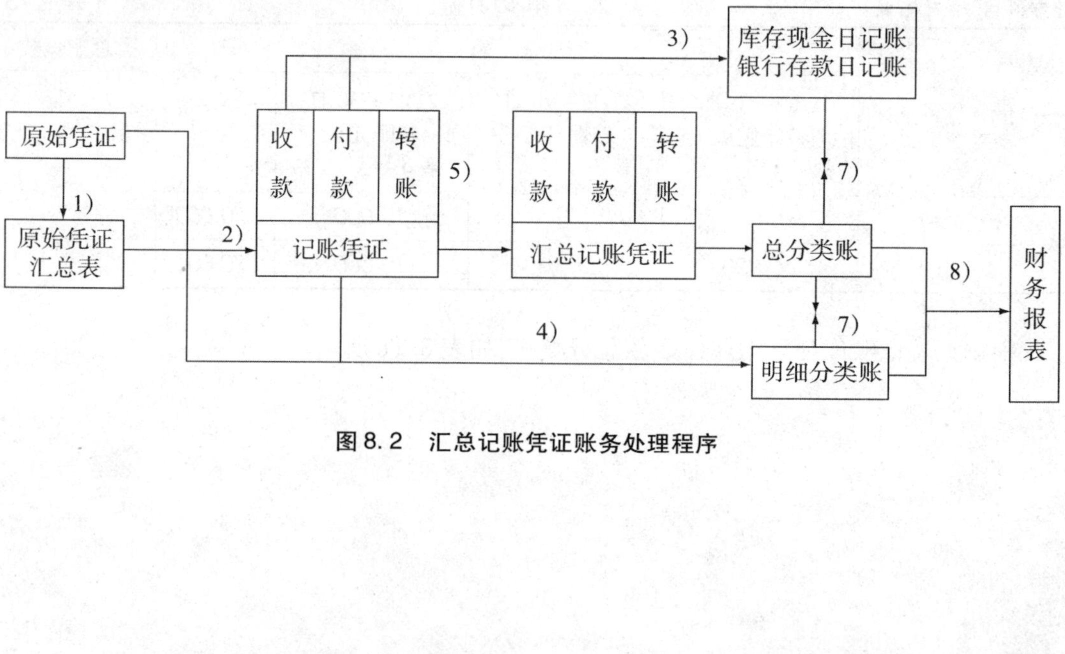


图 8.2　汇总记账凭证账务处理程序

## 三、汇总记账凭证账务处理程序的内容

### （一）特点

汇总记账凭证账务处理程序的特点是先根据记账凭证编制汇总记账凭证，然后根据汇总记账凭证登记总分类账。

### （二）优缺点

汇总记账凭证账务处理程序的优点是减轻了登记总分类账的工作量；缺点是当转账凭证较多时，编制汇总转账凭证的工作量较大，并且按每一贷方账户编制汇总转账凭证，不利于会计核算的日常分工。

### （三）适用范围

该账务处理程序适用于规模较大、经济业务较多的单位。

# 第四节　科目汇总表账务处理程序



## 一、科目汇总表的编制方法

科目汇总表，又称记账凭证汇总表，是企业通常定期对全部记账凭证进行汇总后，按照不同的会计科目分别列示各账户借方发生额和贷方发生额的一种汇总凭证。科目汇总表的编制方法是，根据一定时期内的全部记账凭证，按照会计科目进行归类，定期汇总出每一个账户的借方本期发生额和贷方本期发生额，填写在科目汇总表的相关栏内。科目汇总表可每月编制一张，按旬汇总，也可每旬汇总一次编制一张。任何格式的科目汇总表，都只反映各个账户的借方本期发生额和贷方本期发生额，不反映各个账户之间的对应关系。

## 二、科目汇总表账务处理程序的一般步骤

科目汇总表账务处理程序的一般步骤如下。

1）根据原始凭证填制原始凭证汇总表。

2）根据原始凭证或原始凭证汇总表填制记账凭证。

3）根据收款凭证、付款凭证逐笔登记库存现金日记账和银行存款日记账。

4）根据原始凭证、原始凭证汇总表和记账凭证登记各种明细分类账。

5）根据各种记账凭证编制记账凭证汇总表。

6）根据记账凭证汇总表登记总分类账。

7）期末，将库存现金日记账、银行存款日记账和明细分类账的余额同有关总分类账的余额核对相符。

8）期末，根据总分类账和明细分类账的记录编制财务报表。

科目汇总表账务处理程序如图 8.3 所示。

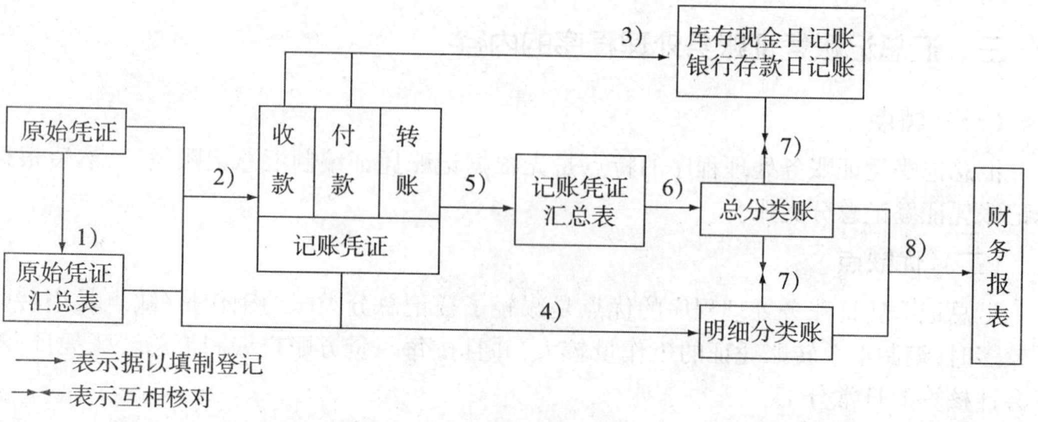


图 8.3 科目汇总表账务处理程序

现以本模块第二节中记账凭证核算程序应用举例时所编制的记账凭证(会计分录)为据,编制记账凭证汇总表,如表 8.12 所示。

表 8.12

**记账凭证汇总表**

2014 年 10 月 1 日—10 日

第 15 页

| 账户名称 | 本期发生额/元 | | 总账页次 |
|---|---|---|---|
| | 借 方 | 贷 方 | |
| 库存现金 | 200 | 100 | |
| 银行存款 | 10 000 | 15 058 | |
| 材料采购 | 16 000 | 16 000 | |
| 原 材 料 | 16 000 | | |
| 短期借款 | | 10 000 | |
| 应付账款 | 14 658 | 18 369 | |
| 应交税费 | 2 669 | | |
| 合 计 | 59 527 | 59 527 | |

根据编制的记账凭证汇总表登记“材料采购”、“应付账款”总分类账,如表 8.13、表 8.14 所示。其他账户略。

表 8.13

**总分类账**

账户名称:材料采购

第 9 页

| 2014 年 | | 凭证字号 | 摘 要 | 借方/元 | 贷方/元 | 借或贷 | 余额/元 |
|---|---|---|---|---|---|---|---|
| 月 | 日 | | | | | | |
| 10 | 10 | 15 | | 16 000 | 16 000 | 平 | 0 |
| | | | | | | | |

表 8.14 总分类账

账户名称:应付账款 第 10 页

| 2014 年 | | 凭证字号 | 摘 要 | 借方/元 | 贷方/元 | 借或贷 | 余额/元 |
|---|---|---|---|---|---|---|---|
| 月 | 日 | | | | | | |
| 10 | 1 | | 期初余额 | | | 贷 | 6 000 |
| | 10 | 15 | | 14 658 | 18 369 | 贷 | 9 711 |

## 三、科目汇总表账务处理程序的内容

### (一) 特点

科目汇总表账务处理程序的特点是先将所有记账凭证汇总编制成科目汇总表,然后以科目汇总表为依据登记总分类账。

### (二) 优缺点

科目汇总表账务处理程序的优点是减轻了登记总分类账的工作量,易于理解,方便学习,并可做到试算平衡;缺点是科目汇总表不能反映各个账户之间的对应关系,不利于对账目进行检查。

### (三) 适用范围

该账务处理程序适用于经济业务较多的单位。

## 课后训练

### 一、单选题

1. 直接根据记账凭证逐笔登记总分类账,这种账务处理程序是(  )。
   A. 日记总账账务处理程序　B. 科目汇总表账务处理程序
   C. 汇总记账凭证账务处理程序　D. 记账凭证账务处理程序
2. 记账凭证账务处理程序的适用范围是(  )。
   A. 规模较大,经济业务量较多的单位　B. 规模较小,经济业务量较少的单位
   C. 规模较小,经济业务量较多的单位　D. 会计基础工作比较薄弱的单位
3. 既可以作为登记总账的依据,又可以作为登记明细账的依据的是(  )。
   A. 原始凭证　B. 汇总原始凭证　C. 记账凭证　D. 汇总记账凭证
4. 各种会计核算程序的主要区别在于登记(  )的依据和方法不同。
   A. 总分类账　B. 现金日记账　C. 明细分类账　D. 银行存款日记账
5. 我国常用的最基本的账务处理程序是(  )。
   A. 记账凭证账务处理程序　B. 汇总记账凭证账务处理程序
   C. 科目汇总表账务处理程序　D. 日记总账账务处理程序

## 二、多选题

1. 在实际工作中,常用的账务处理程序有(　　　)。
   A. 日记总账账务处理程序　　B. 记账凭证账务处理程序
   C. 汇总记账凭证账务处理程序　　D. 科目汇总表账务处理程序
2. 在汇总记账凭证账务处理程序下,不是总分类账的记账依据的是(　　　)。
   A. 原始凭证　　B. 记账凭证　　C. 科目汇总表　　D. 汇总记账凭证
3. 有关科目汇总表的基本编制方法的叙述有误的是(　　　)进行归类定期汇总。
   A. 按照不同会计科目　　B. 按照相同会计科目
   C. 按照借方会计科目　　D. 按照贷方会计科目
4. 关于科目汇总表账务处理程序的优点的说法正确的有(　　　)。
   A. 可以大大减轻登记总分类账的工作量
   B. 编制和使用较为简便,易学易做
   C. 可以对发生额进行试算平衡,保证记账工作质量
   D. 不便于查对账目
5. 以记账凭证为依据,按有关账户的贷方设置,按借方账户归类的有(　　　)。
   A. 汇总收款凭证　　B. 汇总转账凭证　　C. 汇总付款凭证　　D. 科目汇总表

## 三、判断题

1. 汇总记账凭证账务处理程序既能减轻登记总账的工作量,又便于了解科目对应关系和查对账目的账务处理程序。(　)

2. 在科目汇总表和总分类账中,不反映科目的对应关系,不便于查对账目。(　)

3. 汇总记账凭证账务处理程序的优点之一是汇总记账凭证反映了科目之间的对应关系。(　)

4. 记账凭证账务处理程序是最基本的账务处理程序,其缺点之一是登记账簿的工作量较大。(　)

5. 科目汇总表不仅可以起到试算平衡的作用,而且可以反映账户之间的对应关系。(　)

## 四、计算题

### 习　题　一

**目的**　掌握记账凭证会计核算程序。

**要求**

1. 根据资料 1 开设三栏式总账,登记期初余额。
2. 根据资料 2 填制收款凭证、付款凭证、转账凭证或通用记账凭证。
3. 根据记账凭证逐笔登记三栏式总账,并结出本期发生额和期末余额。
4. 根据总账资料编制 2 月份各账户发生额和余额平衡表,试算平衡。

**资料 1**　中东公司 2014 年 1 月份各账户期末余额表如下表所示。

总分类账户余额表　　元

| 账户名称 | 金　额 | 账户名称 | 金　额 |
| --- | --- | --- | --- |
| 库存现金 | 1 000 | 累计折旧 | 8 500 |
| 银行存款 | 21 000 | 短期借款 | 25 000 |
| 应收账款 | 1 000 | 应付账款 | 8 200 |
| 其他应收款 | 1 200 | 应交税费 | 900 |
| 原 材 料 | 5 000 | 长期借款 | 70 000 |
| 库存商品 | 3 000 | 本年利润 | 7 100 |
| 生产成本 | 1 200 | | |
| 固定资产 | 80 000 | | |
| 利润分配 | 6 300 | | |
| 合　计 | 119 700 | 合　计 | 119 700 |

**资料 2**　该公司 1 月份发生以下经济业务。

1）1 日，从北京新华公司购入 A 材料 2 000 千克，每千克 4 元；B 材料 3 000 千克，每千克 2 元，供方代垫运杂费 100 元，增值税额为 2 380 元，货款及运费以银行存款支付。

2）2 日，上述 A、B 两种材料运到验收入库，并按实际采购成本入账。

3）4 日，生产 101 产品，领用 A 材料 1 000 千克，每千克 4.02 元；B 材料 1 500 千克，每千克 2.02 元。

4）5 日，行政管理部门购办公用品货款 100 元，以银行存款支付。

5）6 日，向上海商贸公司销售 101 产品 200 件，每件售价 100 元，货款 20 000 元，应交增值税 3 400 元，全部价款未收。

6）7 日，以银行存款支付前欠沈阳商贸公司货款 1 500 元。

7）8 日，从银行借入短期借款 50 000 元，存入银行存款户。

8）9 日，以银行存款支付 101 产品销售费用 200 元。

9）11 日，从银行提取现金 20 000 元，准备发放职工工资。

10）12 日，以现金 20 000 元支付本月职工工资。

11）13 日，向上海商贸公司销售 101 产品 100 件，每件售价 100 元，货款 10 000 元，应交增值税 1 700 元，货款存入银行。

12）14 日，以银行存款支付广告费 2 000 元。

13）15 日，从天津金城公司购入 A 材料 1 000 千克，每千克 4 元；B 材料 1 500 千克，每千克 2 元，供方代垫运杂费 50 元，货款 7 000 元，增值税额 1 190 元，货款、税款及运费以存款支付，材料尚未到达。

14）16 日，收到上海商贸公司还前欠货款 23 400 元，存入银行。

15）17 日，从天津金城公司购入的 A、B 材料运到已验收入库，按实际采购成本入账。

16）20 日，仓库发出 A 材料 1 000 千克，每千克 4.02 元；B 材料 2 000 千克，每千克 2.02 元，投入 101 产品生产。

17）21 日，为组织管理车间生产使用 A 材料 500 千克，每千克 4.02 元。

18）31 日，结转本月应付职工工资 20 000 元，其中，101 产品生产工人工资10 000 元，车间管理人员工资 6 000 元，厂部管理人员工资 4 000 元。

19）31 日，按职工工资总额的 14% 提取职工福利费。

20）31 日，以现金支付办公用品费 200 元。

21）31 日，提取本月固定资产折旧 3 000 元，其中，生产车间固定资产折旧 2 000 元，行政管理部门固定资产折旧 1 000 元。

22）31 日，以银行存款支付本月水费，其中，生产产品耗用 2 000 元，车间耗用 500 元，管理部门耗用 300 元。

23）31 日，结转本月产品负担的制造费用。

24）31 日，本月 101 产品完工 500 件，结转完工产品成本。

25）31 日，结转已售产品主营业务成本（单位成本 93 元）。

26）31 日，将本月管理费用结转本年利润账户。

27）31 日，将产品销售费用、主营业务成本、主营业务税金及附加结转本年利润账户。

28）31 日，将主营业务收入结转本年利润账户。

## 习　题　二

**目的**　掌握记账凭证汇总表核算程序。

**要求**

1. 根据资料 1 开设所有总分类账和库存现金日记账、银行存款日记账。
2. 根据资料 2 发生的经济业务，编制收款凭证、付款凭证、转账凭证或通用记账凭证。
3. 根据资料 2 编制的记账凭证登记库存现金日记账和银行存款日记账。
4. 根据记账凭证编制记账凭证汇总表。
5. 根据记账凭证汇总表登记总分类账。

**资料 1**　中东公司 2014 年 3 月份有关账户期末余额如下。

**总分类账户期初余额表**　　元

| 账户名称 | 金　额 | 账户名称 | 金　额 |
|---|---|---|---|
| 库存现金 | 2 240 | 短期借款 | 148 500 |
| 银行存款 | 55 910 | 应付账款 | 9 600 |
| 应收账款 | 5 550 | 应交税费 | 8 400 |
| 原材料 | 66 000 | 实收资本 | 310 500 |
| 生产成本 | 23 300 | | |
| 库存商品 | 28 000 | | |
| 固定资产 | 348 000 | | |
| 累计折旧 | -52 000 | | |
| 合　计 | 477 000 | 合　计 | 477 000 |

**资料 2**　该公司 4 月份发生以下经济业务。

1）2 日，投资者投入新机器一台，价值 40 000 元。

2）2 日，从青海公司购入甲材料 300 吨，货款 32 550 元，增值税率 17%，货款未付。

3）2 日，以银行存款支付上述材料运费 450 元。

4）2 日，甲材料验收入库。

5）4 日，销售子产品 50 件，货款 15 000 元，增值税率 17%，货款存入银行。

6）5 日，公司购买办公用品 60 元，以现金支付。

7）6 日，收到大明公司前欠货款 5 550 元，货款已存入银行。

8）6 日，用银行存款支付前欠光华公司货款 9 600 元。

9）8 日，发出甲材料，制造子产品用 150 吨，丑产品用 150 吨，甲材料单价 110 元。

10）8 日，销售给大明公司子产品 50 件，货款 15 000 元，增值税率 17%，货款尚未收到。

11）8 日，以银行存款支付产品销售运费 120 元。

12）8 日，从青海公司购入乙材料 250 千克，货款 5 450 元，增值税率 17%，货款未付。

13）8 日，以现金支付购入乙材料运杂费 50 元。

14）9 日，乙材料验收入库。

15）10 日，发出乙材料用于子产品生产 100 千克，丑产品生产 200 千克，乙材料单价 22 元。

16）11 日，发出甲材料 100 吨制造丑产品，甲材料单价 110 元。



17）12 日，从银行借入短期借款 8 000 元。

18）13 日，以银行存款 5 450 元偿还青海公司货款。

19）15 日，发出乙材料 100 千克，制造丑产品，乙材料单价 22 元。

20）18 日，以银行存款偿还青海公司货款 32 550 元。

21）18 日，采购员刘宁预借差旅费 100 元，以现金支付。

22）19 日，从银行提取现金 200 元备用。

23）20 日，生产车间维修设备领用辅助材料 500 元。

24）22 日，采购员刘宁报销差旅费 60 元，余款交回。

25）23 日，销售给新华公司子产品 100 件，货款 30 000 元，增值税率 17%，货款未收。

26）23 日，销售给金泰公司子产品 40 件，货款 12000 元，增值税率 17%，货款存入银行。

27）23 日，以银行存款支付销售产品运杂费 150 元。

28）24 日，收回 8 日销售给大明公司的货款，并存入银行。

29）25 日，收回 23 日销售给新华公司的货款，并存入银行。

30）26 日，提取现金 18 000 元，准备发放工资。

31）26 日，以现金发放工资 18 000 元。

32）27 日，用现金支付车间设备检修费 158 元。

33）27 日，以银行存款支付本月水费 160 元，其中，生产车间用 100 元，厂部用 60 元。

34）28 日，以银行存款支付仓库租赁费 200 元。

35）28 日，本月生产工人工资 14 000 元，其中，子产品负担 8 000 元，丑产品负担 6 000 元；车间管理人员工资 300 元；厂部管理人员工资 3 700 元。

36）28 日，按工资总额的 14% 计提职工福利费。

37）28 日，计提本月固定资产折旧 3 500 元，其中，车间负担 2 800 元，厂部负担 700 元。

38）31 日，结转本月制造费用 3 900 元，经分配子产品应负担 2 000 元，丑产品应负担 1 900元。

39）31 日，子、丑产品全部验收入库，子产品总成本 40 420 元，丑产品总成本51 940 元。

40）31 日，结转本月已销售子产品 240 件的销售成本 34 700 元。

41）31 日，将本月产品的销售收入 72 000 元转入本年利润。

42）31 日，将本月产品的销售成本、销售费用和管理费用转入本年利润。

# 模块九
# 财产清查

## 学习目标

了解财产清查的意义与种类，熟悉财产清查的一般程序，熟悉货币资金、实物资产和往来款项的清查方法，掌握银行存款余额调节表的编制，掌握财产清查结果的账务处理。

## 课前热身

1. 让学生搜集企业中存在账实不符的实例。
2. 复习填制会计凭证和登记账簿的核算方法。

## 模块认知

在企业中，各项财产（包括固定资产、原材料、在产品、库存商品等存货，库存现金和银行存款等货币资金，以及债权、债务等各种往来款项）的增减变动和结存情况，都是通过账簿记录来反映的。为了加强管理和有利于决策，就要做到家底清楚、心中有数。这就要求账簿上不仅要有全面、系统、完整的记录，而且要做到账实相符，进而保证会计报表所提供的会计资料真实。因此，各单位应当建立财产清查制度，保证账簿记录与实物、款项相符。

## 第一节　财产清查概述

### 一、财产清查的概念与意义

#### （一）财产清查的概念

财产清查是指通过对货币资金、实物资产和往来款项等财产物资进行盘点或核对，确定其实存数，查明账存数与实存数是否相符的一种专门方法。

#### （二）财产清查的意义

认真地组织财产清查，是实施会计监督职能的重要方面，也是会计核算方法体系的一个有机组成部分。在会计核算中，财产清查具有以下几方面的意义。

1. 保证账实相符,提高会计资料的准确性

通过财产清查,确定各项资产的实存数,并与账簿记录核对,发现差异,查明原因,及时按照规定调整账面数额,达到账实相符,确保会计资料准确可靠。

2. 切实保障各项财产物资的安全、完整

通过财产清查,可以查明各项资产有无短缺、毁损、贪污、盗窃等情况。对发现的问题,应查明原因,明确责任并分不同情况予以处理。同时,应吸取教训,堵塞漏洞,健全各项经济责任制度,保护企业资产的安全与完整。

3. 加速资金周转,提高资金使用效益

通过财产清查,可以进一步了解各项资产的储备和利用情况。如有闲置不用、呆滞积压的资产,要及时加以处理;如有逾期的债权债务,要采取得力的措施进行清理。这样,就可以督促企业加强对财产物资的管理,充分挖掘物资的潜力,努力做到物尽其用,合理有效地使用企业的各项资源。加速资金周转,提高资金使用效益。

## 二、财产清查的种类



### (一)按照清查的范围分类

1. 全面清查

全面清查是指对所有的财产进行全面的盘点和核对。全面清查的范围广,内容复杂,工作量大。一般都是在年终决算前,或者企业清算时,或者企业清产核资时进行。

全面清查的对象一般包括固定资产、原材料、在产品、库存商品、现金、银行存款、往来款项、在建工程、各种代管和外购商品等。

2. 局部清查

局部清查是指根据需要只对部分财产进行盘点和核对。

由于全部清查工作量大,不能经常进行,因此,平时可根据管理的需要进行局部清查。对流动性较大的物资,如原材料、在产品、库存商品等,除了年度清查外,年内还要进行轮流盘点或重点清查;对于贵重物品,每月应清查盘点一次;对于现金,每日终了,应由出纳员清点核对;银行存款每月同银行核对一次;各种往来账项至少每年应同有关单位核对一到两次。

### (二)按照清查的时间分类

1. 定期清查

定期清查是指按照预先计划安排的时间对财产进行的盘点和核对。定期清查一般在年末、季末、月末进行。定期清查,可以是全面清查,也可以是局部清查。

2. 不定期清查

不定期清查是指事前不规定清查日期,而是根据特殊需要临时进行的盘点和核对。不定期清查,可以是全面清查,也可以是局部清查,应根据实际需要来确定清查的对象和范围。

### (三)按照清查的执行系统分类

1. 内部清查

内部清查是指由本单位内部自行组织清查工作小组所进行的财产清查工作。大多数财产清查都是内部清查。

2. 外部清查

外部清查是指由上级主管部门、审计机关、司法部门、注册会计师根据国家有关规定或情况需要对本单位所进行的财产清查。一般来讲，进行外部清查时应有本单位相关人员参加。

## 三、财产清查的一般程序

财产清查既是会计核算的一种专门方法，又是财产物资管理的一项重要制度。企业必须有计划、有组织地进行财产清查。

财产清查一般包括这些程序：建立财产清查组织；组织清查人员学习有关政策规定，掌握有关法律、法规和相关业务知识，以提高财产清查工作的质量；确定清查对象、范围，明确清查任务；制订清查方案，具体安排清查内容、时间、步骤、方法，以及必要的清查前准备；清查时本着先清查数量、核对有关账簿记录等，后认定质量的原则进行；填制盘存清单；根据盘存清单，填制实物、往来账项清查结果报告表。

# 第二节　财产清查的方法

由于货币资金、实物、往来款项的特点各有不同，在进行财产清查时，应采用与其特点和管理要求相适应的方法。

## 一、货币资金的清查方法

### （一）库存现金的清查

库存现金的清查是采用实地盘点法确定库存现金的实存数，然后与库存现金日记账的账面余额相核对，确定账实是否相符。

出纳员对库存现金的收入、支出和结存要加强管理，同时，每月至少要组织一次清查盘点。为了明确责任，库存现金清查应在出纳人员在场的情况下进行。盘点时，一方面要清点现金实存数，并与现金日记账余额相核对，查明账实是否相符；另一方面，还要检查库存限额的遵守情况，有无以白条抵充现金的情况。

盘点结束后，应将现金盘点的结果填列在现金盘点报告表内，并由盘点人员和出纳人员签章。现金盘点报告表是反映现金实存数的原始凭证，也是查明账实发生差异原因和调整账簿记录的依据。其一般格式如表 9.1 所示。

表 9.1　　现金盘点报告表

年　月　日

| 实存金额 | 账存金额 | 对比结果 | | 备　注 |
|---|---|---|---|---|
| | | 盘　盈 | 盘　亏 | |
| | | | | |

盘点人签章：　　　　　　　　出纳员签章：

### （二）银行存款的清查

银行存款的清查，主要将银行的对账单与本单位银行存款日记账的账面余额相核对，以查明账实是否相符。其方法是将银行的对账单与本单位的银行存款进行逐笔核对，不能简单地核对双方结出的银行存款余额。这不仅是因为银行与企业双方账簿记录都可能失误，还可能是由于办理结算手续和凭证传递，银行对账单上的余额与本单位的银行存款日记账的账面余额常常会不相符，这种差异主要是由“未达账项”所造成的。所谓“未达账项”，是指一方已经入账，而另一方尚未接到有关凭证而未入账的款项。企业与银行之间的未达账项，有以下 4 种情况。

① 企业已收款入账，而银行尚未收款入账。

② 企业已付款入账，而银行尚未付款入账。

③ 银行已收款入账，而企业尚未收款入账。

④ 银行已付款入账，而企业尚未付款入账。

上述任何一种情况，都会使企业和银行之间产生未达账项，从而导致双方账面金额不一致，在①、④两种情况下，会使企业账面的存款金额大于银行账面的存款金额；而在②、③两种情况下，在对账过程中如果发现存在未达账项，则应通过编制银行存款余额调节表来进行调节，以便检查账簿记录的正确性。现举例说明银行存款余额调节表的编制方法。

**例 9－1**　中东公司 2014 年 7 月 31 日的银行存款日记账的余额为 16 270 元，银行对账单的存款余额为 15 040 元。经逐笔核对，发现未达账项有以下几种。

① 7 月 30 日，企业销售产品收到转账支票一张，计 4 000 元，银行尚未入账。

② 7 月 31 日，企业支付货款开出转账支票一张，计 1 700 元，银行尚未入账。

③ 7 月 29 日，银行代企业支付水电费 1 000 元，银行已登记入账，企业尚未入账。

④ 7 月 30 日，企业委托银行代收外埠货款 2 070 元，银行已于月末收到并入账，但收账通知尚未送达企业，因而企业尚未入账。

根据上述未达账项，编制银行存款余额调节表，如表 9.2 所示。

表 9.2　　银行存款余额调节表

2014 年 7 月 31 日　　元

| 项　目 | 金　额 | 项　目 | 金　额 |
|---|---|---|---|
| 银行存款日记账余额 | 16 270 | 银行对账单余额 | 15 040 |
| 加：银行已收，企业未收 | 2 070 | 加：企业已收，银行未收 | 4 000 |
| 减：银行已付，企业未付 | 1 000 | 减：企业已付，银行未付 | 1 700 |
| 调整后余额 | 17 340 | 调整后余额 | 17 340 |

如果调整后的存款余额一致，说明双方记账无差误，如果调整后的余额仍不相等，说明银行或企业记账有误，应查明原因予以更正。银行存款余额调节表的作用有以下几点。

① 银行存款余额调节表是一种对账记录或对账工具，不能作为调整账面记录的依据，即不能根据银行存款余额调节表中的未达账项来调整银行存款账面记录，未达账项只有在收到有关凭证后才能进行有关的账务处理。

② 调节后的余额如果相等,通常说明企业和银行的账面记录一般没有错误,该余额通常为企业可以动用的银行存款实有数。

③ 调节后的余额如果不相等,通常说明一方或双方记账有误,需进一步追查,查明原因后予以更正和处理。

### 二、实物资产的清查方法

实物资产主要包括固定资产、存货等。实物资产的清查就是对实物资产在数量和质量上所进行的清查。常用的清查方法主要有实地盘点法和技术推算法。

### 三、往来款项的清查方法

往来款项主要包括应收、应付款项和预收、预付款项等。往来款项的清查一般采用发函询证的方法进行核对。往来款项清查以后,将清查结果用于编制往来款项清查报告单,填列各项债权、债务的余额。对于有争执的款项,以及无法收回的款项,应在报告单上详细列明情况,以便及时采取措施进行处理,避免或减少坏账损失。

## 第三节　财产清查结果的处理

### 一、财产清查结果的处理要求

对于财产清查中发现的问题,如财产物资的盘盈、盘亏、毁损或其他各种损失,应核实情况,调查分析产生的原因,按照国家有关法律法规的规定,进行相应的处理。

财产清查结果的具体处理要求有:分析产生差异的原因和性质,提出处理建议;积极处理多余积压财产,清理往来款项;总结经验教训,建立和健全各项管理制度;及时调整账簿记录,保证账实相符。

### 二、财产清查结果的处理步骤与方法

对于财产清查结果的处理可分为以下两种情况。

#### (一) 审批之前的处理

根据清查结果报告表、盘点报告表等已经查实的数据资料,填制记账凭证,记入有关账簿,使账簿记录与实际盘存数相符,同时根据权限,将处理建议报股东大会或董事会,或者经理(厂长)会议或类似机构批准。

#### (二) 审批之后的处理

企业清查的各种财产的损益,应于期末前查明原因,并根据企业的管理权限,经股东大会或董事会,或者经理(厂长)会议或类似机构批准后,在期末结账前处理完毕。企业应严格按照有关部门对财产清查结果提出的处理意见进行账务处理,填制有关记账凭证,登记有关账簿,并追回由于责任者造成的财产损失。

企业清查的各种财产的损益,如果在期末结账前尚未经批准,在对外提供财务报表时,

先按上述规定进行处理,并在附注中作出说明;其后批准处理的金额与已处理的金额不一致的,调整财务报表相关项目的年初数。

## 三、财产清查结果的账务处理

### (一)设置“待处理财产损溢”账户

为了反映和监督企业在财产清查过程中查明的各种财产物资的盘盈、盘亏、毁损及其处理情况,应设置“待处理财产损溢”账户(但固定资产盘盈和毁损分别通过“以前年度损益调整”、“固定资产清理”账户核算)。该账户属于双重性质的资产类账户,下设“待处理流动资产损溢”和“待处理非流动资产损溢”两个明细分类账户进行明细分类核算。

该账户的借方登记财产物资的盘亏数、毁损数和批准转销的财产物资盘盈数,贷方登记财产物资的盘盈数和批准转销的财产物资盘亏及毁损数。企业清查的各种财产的盘盈、盘亏和毁损应在期末结账前处理完毕,因此,“待处理财产损溢”账户在期末结账后没有余额。

### (二)库存现金清查结果的账务处理

1. 库存现金盘盈的账务处理

库存现金盘盈时,应及时办理库存现金的入账手续,调整库存现金账簿记录,即按盘盈的金额借记“库存现金”账户,贷记“待处理财产损溢——待处理流动资产损溢”账户。

对于盘盈的库存现金,应及时查明原因,按管理权限报经批准后,按盘盈的金额借记“待处理财产损溢——待处理流动资产损溢”账户,按需要支付或退还他人的金额贷记“其他应付款”账户,按无法查明原因的金额贷记“营业外收入”账户。

**例9-2** 中东公司月末财产清查中,查明库存现金长款28.50元。

① 报经审批前,应根据库存现金盘点报告表编制记账凭证,并据以登记入账,调整账面记录,使之账实相符。编制以下会计分录。

借:库存现金　　28.50

　　贷:待处理财产损溢——待处理流动资产损溢　　28.50

② 假定上述现金长款无法查明原因,根据管理权限报经审批后,列作营业外收入。应根据批复意见编制以下会计分录。

借:待处理财产损溢——待处理流动资产损溢　　28.50

　　贷:营业外收入　　28.50

2. 库存现金盘亏的账务处理

库存现金盘亏时,应及时办理盘亏的确认手续,调整库存现金账簿记录,即按盘亏的金额借记“待处理财产损溢——待处理流动资产损溢”账户,贷记“库存现金”账户。

对于盘亏的库存现金,应及时查明原因,按管理权限报经批准后,按可收回的保险赔偿和过失人赔偿的金额借记“其他应收款”账户,按管理不善等原因造成净损失的金额借记“管理费用”账户,按自然灾害等原因造成净损失的金额借记“营业外支出”账户,按原记入“待处理财产损溢——待处理流动资产损溢”账户借方的金额贷记本账户。

**例 9－3**　中东公司月末财产清查中，查明库存现金短款 52.70 元。

① 报经审批前，应根据库存现金盘点报告表编制记账凭证，并据以登记入账，调整账面记录，使之账实相符。会计分录如下。

借：待处理财产损溢——待处理流动资产损溢　　52.70

　　贷：库存现金　　52.70

② 假定上述现金短款无法查明原因，根据管理权限报经审批后，列作管理费用。应根据批复意见编制以下会计分录。

借：管理费用——现金短缺　　52.70

　　贷：待处理财产损溢——待处理流动资产损溢　　52.70

### （三）存货清查结果的账务处理

#### 1. 存货盘盈的账务处理

存货盘盈时，应及时办理存货入账手续，调整存货账簿的实存数。盘盈的存货应按其重置成本作为入账价值借记“原材料”、“库存商品”等账户，贷记“待处理财产损溢——待处理流动资产损溢”账户。

对于盘盈的存货，应及时查明原因，按管理权限报经批准后，冲减管理费用，即按其入账价值，借记“待处理财产损溢——待处理流动资产损溢”账户，贷记“管理费用”账户。

**例 9－4**　中东公司在财产清查中，盘盈材料一批，按同类材料估计确定其成本为 1 300 元。

① 报经批准前，应根据实存账存对比表做如下会计分录。

借：原材料　　1 300

　　贷：待处理财产损溢——待处理流动资产损溢　　1 300

② 经查，上述材料盘盈系平时收发计量误差所致，经批准冲减“管理费用”。应做如下会计分录。

借：待处理财产损溢——待处理流动资产损溢　　1 300

　　贷：管理费用　　1 300

#### 2. 存货盘亏的账务处理

存货盘亏时，应按盘亏的金额借记“待处理财产损溢——待处理流动资产损溢”账户，贷记“原材料”、“库存商品”等账户。材料、产成品、商品采用计划成本（或售价）核算的，还应同时结转成本差异（或商品进销差价）。涉及增值税的，还应进行相应的处理。

对于盘亏的存货，应及时查明原因，按管理权限报经批准后，按可收回的保险赔偿和过失人赔偿的金额借记“其他应收款”账户，按管理不善等原因造成净损失的金额借记“管理费用”账户，按自然灾害等原因造成净损失的金额借记“营业外支出”账户，按原记入“待处理财产损溢——待处理流动资产损溢”账户借方的金额贷记本账户。

**例 9－5**　中东公司在财产清查中，盘亏材料 10 000 元。

① 报经批准前，应根据实存账存对比表做如下会计分录。

借：待处理财产损溢——待处理流动资产损溢　　10 000

贷:原材料 10 000

② 经查,其中可以收回的保险赔偿和过失人赔款合计 5 000 元,剩余的净损失中有 3 000 元属于非常损失,2 000 元属于自然损耗。

借:其他应收款 5 000
营业外支出 3 000
管理费用 2 000
贷:待处理财产损溢——待处理流动资产损溢 10 000

### (四) 固定资产清查结果的账务处理

1. 固定资产盘盈的账务处理

企业在财产清查过程中盘盈的固定资产,经查明确属企业所有,按管理权限报经批准后,应根据盘存凭证填制固定资产交接凭证,经有关人员签字后送交企业会计部门,填写固定资产卡片账,并作为前期差错处理,通过"以前年度损益调整"账户核算。盘盈的固定资产通常按其重置成本作为入账价值借记"固定资产"账户,贷记"以前年度损益调整"账户。涉及增值税、所得税和盈余公积的,还应按相关规定处理。



**例 9－6** 中东公司在财产清查过程中,发现一台未入账的设备,重置成本为 30 000 元(假定与其计税基础不存在差异)。根据《企业会计准则第 28 号——政策、会计估计变更和差错更正》规定,该盘盈固定资产作为前期差错进行处理。假定丁公司使用的所得税率为 25%,按净利润的 10% 计提法定盈余公积。公司应做如下会计处理。

① 盘盈固定资产时,做如下会计分录。

借:固定资产 30 000
贷:以前年度损益调整 30 000

② 确定应缴纳的所得税时,做如下会计分录。

借:以前年度损益调整 7 500
贷:应交税费——应交所得税 7 500

③ 结转为留存收益时,做如下会计分录。

借:以前年度损益调整 22 500
贷:盈余公积——法定盈余公积 2 250
利润分配——未分配利润 20 250

2. 固定资产盘亏的账务处理

固定资产盘亏时,应及时办理固定资产注销手续,按盘亏固定资产的账面价值,借记"待处理财产损溢——待处理非流动资产损溢"账户,按已提折旧额,借记"累计折旧"账户,按其原价,贷记"固定资产"账户。对于盘亏的固定资产,应及时查明原因,按管理权限报经批准后,按过失人及保险公司应赔偿额,借记"其他应收款"账户,按盘亏固定资产的原价扣除累计折旧和过失人及保险公司赔偿后的差额,借记"营业外支出"账户,按盘亏固定资产的账面价值,贷记"待处理财产损溢——待处理非流动资产损溢"账户。

**例 9－7** 中东公司在财产清查中,盘亏设备一台,其账面原价为 50 000 元,已提折旧15 000元。

① 根据实存账存对比表,对盘亏设备应做如下会计分录。

借:待处理财产损溢 35 000
  累计折旧 15 000
  贷:固定资产 50 000

② 固定资产盘亏经审批同意作为损失列作营业外支出处理,应做如下会计分录。

借:营业外支出 35 000
  贷:待处理财产损溢 35 000

### (五) 结算往来款项盘存的账务处理

在财产清查过程中发现的长期未结算的往来款项,应及时清查。对于经查明确实无法支付的应付款项可按规定程序报经批准后,转作营业外收入。

对于无法收回的应收款项则作为坏账损失冲减坏账准备。坏账是指企业无法收回或收回的可能性极小的应收款项。由于发生坏账而产生的损失,称为坏账损失。

企业通常应将符合这些条件之一的应收款项确认为坏账:债务人死亡,以其遗产清偿后仍然无法收回;债务人破产,以其破产财产清偿后仍然无法收回;债务人较长时间内未履行其偿债义务,并有足够的证据表明无法收回或收回的可能性极小。

企业对有确凿证据表明确实无法收回的应收款项,经批准后作为坏账损失,借记"坏账准备"账户,贷记"应收账款"等账户。企业确实无法支付的应付款项,经批准应转入企业的"营业外收入"。对于已确认为坏账的应收款项,并不意味着企业放弃了追索权,一旦重新收回,应及时入账。



## 课后训练

### 一、单选题

1. 财产清查是通过实地盘点、查证核对来查明(  )是否相符的一种方法。
   A. 账证  B. 账账  C. 账实  D. 账表
2. 对现金进行盘点时,盘点结果应编制的原始凭证是(  )。
   A. 盘存单  B. 账存实存对比表
   C. 库存现金盘点报告表  D. 银行对账单
3. 为了记录、反映财产物资的盘盈、盘亏和毁损情况,应当设(  )账户。
   A. "固定资产清理"  B. "待处理财产损溢"
   C. "长期待摊费用"  D. "营业外支出"
4. 库存现金盘亏的账务处理中不可能涉及的账户有(  )。
   A. "库存现金"  B. "管理费用"  C. "其他应收款"  D. "实收资本"
5. 属于实物资产清查范围的是(  )。
   A. 现金  B. 存货  C. 有价证券  D. 应收账款

## 二、多选题

1. 需要进行全面财产清查的情况是(　　　　)。
   A. 更换仓库保管人员时　　B. 单位主要负责人调离工作时
   C. 企业股份制改造时　　D. 企业改变隶属关系时
2. 对财产清查的表述正确的是(　　　　)。
   A. 对于债权和债务,应每月至少核对一次
   B. 现金应由出纳人员在每日业务终了时清点
   C. 对于银行存款和银行借款,应由出纳人员每月同银行核对一次
   D. 对于材料、在产品和产成品除年度清查外,应有计划的每月重点抽查,对于贵重物品,应每月清查盘点一次
3. 财产清查按清查的时间分类,可以分为(　　　　)。
   A. 年度清查　　B. 中期清查　　C. 定期清查　　D. 不定期清查
4. 造成账实不符的原因主要有(　　　　)。
   A. 财产物资的自然损耗　　B. 财产物资的收发计量错误
   C. 财产物资的毁损被盗　　D. 账簿的漏记、重记
5. 编制银行存款余额调节表时,应调整企业银行存款日记账余额的业务是(　　　　)。
   A. 企业已收,银行未收　　B. 企业已付,银行未付
   C. 银行已收,企业未收　　D. 银行已付,企业未付

## 三、判断题

1. 企业财产的全面清查必须定期进行,局部清查则根据需要不定期清查。　(　)
2. 全面清查的特点是清查内容多、范围广、工作量大,不可能经常进行。　(　)
3. 定期清查,可以是全面清查,也可以是局部清查。　(　)
4. 企业不能根据银行存款余额调节表来调整账面记录,未达账项只有在收到有关凭证后才能进行有关账务处理。　(　)
5. 固定资产盘盈、处理固定资产净收益、罚款净收入都属于营业外收入。　(　)

## 四、计算题

### 习 题 一

**目的**　掌握银行存款余额调节表的编制。

**要求**　根据下述资料编制银行存款余额调节表。

**资料**　中东公司2014年8月31日银行存款日记账余额为63 000元,银行转来账单的余额为120 000元,经逐笔核对,发现以下未达账项。

1. 企业送存转账支票62 000元,并已入账,但银行尚未入账。
2. 企业开出转账支票47 000元,但持票单位尚未到银行办理转账,银行尚未入账。
3. 企业委托银行收取货款77 000元,银行已收妥入账,但企业尚未收到收款通知而未入账。

4. 银行代企业支付水费 5 000 元，但企业尚未收到银行付款通知而未入账。

## 习 题 二

**目的** 掌握财产清查结果的账务处理。

**要求** 根据下述资料编制审批前与审批后的会计分录。

**资料** 中东公司 2014 年 8 月末进行的财产清查的结果如下。

1. 财产清查中，查明库存现金长款 13.50 元。

（1）报经审批前，根据库存现金盘点报告表编制记账凭证。

（2）上述现金长款无法查明原因，根据管理权限报经审批后，列作营业外收入。

2. 财产清查中，查明库存现金短款 46.30 元。

（1）报经审批前，应根据库存现金盘点报告表编制记账凭证。

（2）上述现金短款无法查明原因，根据管理权限报经审批后，列作管理费用。

3. 财产清查中，盘盈材料一批，按同类材料估计其成本为 2 500 元。

（1）报经批准前，应根据实存账存对比表编制会计分录。

（2）经查，上述材料盘盈系平时收发计量误差所致，经批准冲减“管理费用”。

4. 财产清查中，盘亏材料 6 000 元。

（1）报经批准前，根据实存账存对比表编制会计分录。

（2）经查，其中应由保险公司赔偿 4 000 元，应由过失人赔款合计 1 000 元，剩余的净损失中有 800 元属于非常损失，200 元属于自然损耗。

5. 财产清查过程中，发现一台未入账的设备，重置成本为 20 000 元（假定与其计税基础不存在差异）。根据《企业会计准则第 28 号——政策、会计估计变更和差错更正》规定，该盘盈固定资产作为前期差错进行处理。假定丁公司使用的所得税率为 25%，按净利润的 10% 计提法定盈余公积。

6. 财产清查中，盘亏设备一台，其账面原价为 50 000 元，已提折旧 15 000 元。

# 模块十

# 财务报表

## 学习目标

了解财务报表的概念与种类，了解编制财务报表的意义。掌握资产负债表与利润表的编制。

## 课前热身

1. 分析会计凭证、会计账簿与财务报表之间的关系。
2. 到企业进行一次调查，了解一个企业应编制哪些财务报表。

## 模块认知

企业进行会计核算的主要目的是定期地向投资者、债权人，以及企业的管理者等提供企业各项经济资源的来源及分布情况，定期地总结出企业的经营成果，以便总结经验，随时发现经营管理中出现的问题，提高企业的经营管理水平和企业的经济效益。通过什么渠道和方法来实现这个目的？这就需要编制财务报表。

## 第一节 财务报表概述

### 一、财务报表的概念与种类

#### （一）财务报表的概念

财务报表是对企业财务状况、经营成果和现金流量的结构性表述。

财务报表至少应当包括资产负债表、利润表、现金流量表、所有者权益变动表、附注。财务报表上述组成部分具有同等的重要程度。

#### （二）财务报表的分类

财务报表按其编报期间不同，可分为中期财务报表和年度财务报表；按其编报主体不同，可分为个别财务报表和合并财务报表。

财务报表是提供会计资料的一种基本手段。编制财务报表，对于提高会计核算的工作效率,充分发挥会计在经营管理中的作用,具有极为重要的意义。企业领导和管理人员通过会计报表可以系统、总括地了解企业现有经济资源的利用情况,掌握企业的财务状况,为采取改善经营管理措施,制订今后工作计划提供重要的参考资料;企业主管部门还可以通过所属企业上报的会计报表,来了解和分析所属企业资产负债情况及财务状况,并可按各单位的同类指标进行对比,为推广先进经验,指导基层企业工作提供基本依据;财税、银行部门也可以利用会计报表进行财税监督和信贷监督,以便有效地调节社会基金;企业的投资者则可通过对企业会计报表的分析,以便决定在未来时期内的投资趋向,进而促使社会公众这一潜在的投资者尽快地决定投资意向。这又从另外一个方面刺激企业经营管理水平进一步提高。

## 二、财务报表编制的基本要求

### (一) 以持续经营为基础编制

企业应当以持续经营为基础,根据实际发生的交易和事项,按照《企业会计准则——基本准则》和其他各项会计准则的规定进行确认和计量,在此基础上编制财务报表。以持续经营为基础编制财务报表不再合理,企业应当采用其他基础编制财务报表,并在附注中声明财务报表未以持续经营为基础编制的事实、披露未以持续经营为基础编制的原因和财务报表的编制基础。



### (二) 按正确的会计基础编制

除现金流量表按照收付实现制原则编制外,企业应当按照权责发生制原则编制财务报表。

### (三) 至少按年编制财务报表

企业至少应当按年编制财务报表。年度财务报表涵盖的期间短于 1 年的,应当披露年度财务报表的涵盖期间、短于 1 年的原因,以及报表数据不具可比性的事实。

### (四) 项目列报遵守重要性原则

重要性是指在合理预期下,财务报表某项目的省略或错报会影响使用者据此做出经济决策的,该项目具有重要性。

重要性应当根据企业所处的具体环境,从项目的性质和金额两方面予以判断,且对各项目重要性的判断标准一经确定,不得随意变更。判断项目性质的重要性,应当考虑该项目在性质上是否属于企业日常活动、是否显著影响企业的财务状况、经营成果和现金流量等因素;判断项目金额大小的重要性,应当考虑该项目金额占资产总额、负债总额、所有者权益总额、营业收入总额、营业成本总额、净利润、综合收益总额等直接相关项目金额的比重或所属报表单列项目金额的比重。

性质或功能不同的项目,应当在财务报表中单独列报,但不具有重要性的项目除外。

性质或功能类似的项目,其所属类别具有重要性的,应当按其类别在财务报表中单独列报。

某些项目的重要性程度不足以在资产负债表、利润表、现金流量表或所有者权益变动表中单独列示,但对附注却具有重要性,则应当在附注中单独披露。

《企业会计准则第30号——财务报表列报》规定在财务报表中单独列报的项目,应当单独列报。其他会计准则规定单独列报的项目,应当增加单独列报项目。

### (五)保持各个会计期间财务报表项目列报的一致性

财务报表项目的列报应当在各个会计期间保持一致,除会计准则要求改变财务报表项目的列报或企业经营业务的性质发生重大变化后,变更财务报表项目的列报能够提供更可靠、更相关的会计信息外,不得随意变更。

### (六)各项目之间的金额不得相互抵销

财务报表中的资产项目和负债项目的金额、收入项目和费用项目的金额、直接计入当期利润的利得项目和损失项目的金额不得相互抵销,但其他会计准则另有规定的除外。

一组类似交易形成的利得和损失应当以净额列示,但具有重要性的除外。

资产或负债项目按扣除备抵项目后的净额列示,不属于抵销。

非日常活动产生的利得和损失,以同一交易形成的收益扣减相关费用后的净额列示更能反映交易实质的,不属于抵销。

### (七)至少应当提供所有列报项目上一个可比会计期间的比较数据



当期财务报表的列报,至少应当提供所有列报项目上一个可比会计期间的比较数据,以及与理解当期财务报表相关的说明,但其他会计准则另有规定的除外。

财务报表的列报项目发生变更的,至少应当对可比期间的数据按照当期的列报要求进行调整,并在附注中披露调整的原因和性质,以及调整的各项目金额。对可比数据进行调整不切实可行的,应当在附注中披露不能调整的原因。

### (八)应当在财务报表的显著位置披露编报企业的名称等重要信息

企业应当在财务报表的显著位置(如表首)至少披露这些项:编报企业的名称;资产负债表日或财务报表涵盖的会计期间;人民币金额单位;财务报表是合并财务报表的,应当予以标明。

## 三、财务报表编制前的准备工作

在编制财务报表前,需要完成这些工作:严格审核会计账簿的记录和有关资料;进行全面财产清查、核实债务,并按规定程序报批,进行相应的会计处理;按规定的结账日进行结账,结出有关会计账簿的余额和发生额,并核对各会计账簿之间的余额;检查相关的会计核算是否按照国家统一的会计制度的规定进行;检查是否存在因会计差错、会计政策变更等需要调整前期或本期相关项目的情况等。

# 第二节　资产负债表

## 一、资产负债表的概念与作用

资产负债表是反映企业在某一特定日期的财务状况的财务报表。

资产负债表的主要作用有:可以提供某一日期资产的总额及其结构,表明企业拥有或控制的资源及其分布情况;可以提供某一日期负债的总额及其结构,表明企业未来需要用多少资产或劳务清偿债务,以及清偿时间;可以反映所有者所拥有的权益,据以判断资本保值、增值的情况,以及对负债的保障程度。

## 二、资产负债表的列示要求

### (一)资产负债表列报总体要求

1. 分类别列报

资产负债表应当按照资产、负债和所有者权益三大类别分类列报。

2. 资产和负债按流动性列报

资产和负债应当按照流动性分别分为流动资产和非流动资产、流动负债和非流动负债列示。

3. 列报相关的合计、总计项目

资产负债表中的资产类至少应当列示流动资产和非流动资产的合计项目;负债类至少应当列示流动负债、非流动负债,以及负债的合计项目;所有者权益类应当列示所有者权益的合计项目。

资产负债表应当分别列示资产总计项目和负债与所有者权益之和的总计项目,并且这二者的金额应当相等。

### (二)资产的列报

资产负债表中的资产类至少应当单独列示反映以下信息的项目。

1. 流动资产

流动资产具体包括货币资金、交易性金融资产、应收票据、应收账款、预付账款、应收利息、应收股利、其他应收款、存货、一年内到期的长期债券投资和其他流动资产等。

2. 非流动资产

非流动资产具体包括可供出售金融资产、持有至到期投资、长期应收款、长期股权投资、投资性房地产、固定资产、在建工程、工程物资、固定资产清理、生产性生物资产、油气资产、无形资产、开发支出、商誉、长期待摊费用、递延所得税资产、其他非流动性资产等。

### (三)负债的列报

资产负债表中的负债类至少应当单独列示反映以下信息的项目。

1. 流动负债

流动负债具体包括短期借款、交易性金融负债、应付票据、应付账款、预收账款、应付职工薪酬、应交税费、应付利息、应付股利、其他应付款、一年内到期的非流动负债和其他流动负债等。

2. 非流动负债

非流动负债具体包括长期借款、应付债券、长期应付款、专项应付款、预计负债、递延所得税负债和其他非流动负债等。

### (四)所有者权益的列报

资产负债表中的所有者权益类至少应当单独列示反映这些信息的项目:实收资本;资本公积;盈余公积;未分配利润等。

## 三、我国企业资产负债表的一般格式

在我国,资产负债表采用账户式的格式,即左侧列示资产;右侧列示负债和所有者权益。

资产负债表由表头和表体两部分组成。表头部分应列明报表名称、编表单位名称、资产负债表日和人民币金额单位;表体部分反映资产、负债和所有者权益的内容。其中,表体部分是资产负债表的主体和核心,各项资产、负债和所有者权益按流动性排列,所有者权益项目按稳定性排列。

## 四、资产负债表编制的基本方法

### (一)"期末余额"栏的填列方法

资产负债表"期末余额"栏内各项数字,一般应根据资产、负债和所有者权益类科目的期末余额填列,具体方法如下。

1. 根据一个或几个总账科目的余额填列

① 交易性金融资产、应付职工薪酬、短期借款、应付票据、应交税费、应付利润、实收资本、资本公积、盈余公积等项目,应根据总分类账户的余额直接填列。



② 货币资金项目应根据"库存现金"、"银行存款"、"其他货币资金"总分类账户的期末余额之和填列。

2. 根据明细账科目的余额计算填列

① 应收账款项目。根据"应收账款"账户所属各明细账户的期末借方余额合计填列,如所属明细账户有贷方余额的,填列在"预收账款"项目。

② 预付账款项目。根据"预付账款"账户所属各明细账户借方余额合计填列,如所属明细账户有贷方余额的,填列在"应付账款"项目。

③ 应付账款项目。应根据"应付账款"账户所属各明细账户的期末贷方余额合计填列,如所属明细账户有借方余额的,填列在"预付账款"项目。

④ 预收账款项目。应根据"预收账款"账户所属各明细账户的期末贷方余额合计填列,如所属明细账户有借方余额的,填列在"应收账款"项目。

3. 根据总账科目的余额和明细账科目的余额分析计算填列

① 长期借款项目。应根据"长期借款"总账账户余额扣除"长期借款"账户所属的明细账户中将在一年内到期、且企业不能自主地将清偿义务展期的长期借款后的金额计算填列。应当将在一年内到期的长期借款填列在流动性资产下"一年内到期的非流动性资产"项目中。

② 长期待摊费用项目。应根据"长期待摊费用"总账账户余额扣除将在一年内摊销的金额后的余额填列。应当将于一年内摊销的金额填列在流动性资产下"一年内到期的非流动资产"项目中。

4. 根据有关账户余额减去其备抵账户余额后的净额填列

① 应收票据、应收账款、长期股权投资、在建工程等项目,应当根据"应收票据"、"应收账款"、"长期股权投资"、"在建工程"等账户的期末余额减去"坏账准备"、"长期股权投资减值准备"、"在建工程减值准备"等账户余额后的净额填列。

② 固定资产项目应当根据“固定资产”账户的期末余额减去“累计折旧”、“固定资产减值准备”备抵账户余额后的净额填列。

③ 无形资产项目应当根据“无形资产”账户的期末余额减去“累计摊销”、“无形资产减值准备”备抵账户余额后的净额填列。

5. 综合运用上述填列方法分析填列

存货项目需要根据“原材料”、“委托加工物资”、“周转材料”、“材料采购”、“在途物资”、“发出商品”、“材料成本差异”等总账科目期末余额的分析汇总数减去“存货跌价准备”科目余额后的净额填列。

**知识链接**

未分配利润项目的填列：资产负债表的未分配利润项目的填列，在每年的 1—11 月份应根据“本年利润”账户的余额减去“利润分配”账户后的余额填列，12 月末直接根据“利润分配——未分配利润”明细账户的余额填列。



### （二）“年初余额”栏的填列方法

本表的“年初余额”栏通常根据上年年末有关项目的期末余额填列，且与上年年末资产负债表“期末余额”栏一致。如果企业上年度资产负债表规定的项目名称和内容与本年度不一致，应当将上年年末资产负债表相关项目的名称和数字按照本年度的规定进行调整，填入“年初余额”栏。

中东公司 2014 年 12 月末总分类账户及有关明细分类账户余额如表 10.1 所示。

**表 10.1**　　**账户余额表**

中东公司　　2014 年 12 月 31 日　　元

| 账户名称 | 借方金额 | | 账户名称 | 贷方金额 | |
|---|---|---|---|---|---|
| | 上年 | 本年 | | 上年 | 本年 |
| 库存现金 | | 3 850 | 短期借款 | | 210 000 |
| 银行存款 | | 2 356 140 | 应付票据 | | |
| 交易性金融资产 | | | 应付账款 | | |
| 应收票据 | | | 预收账款 | | |
| 应收账款 | | | 应付职工薪酬 | | 7 140 |
| 预付账款 | | | 其他应付款 | | |
| 其他应收款 | | 17 350 | 应交税费 | | 155 700. 08 |
| 在途物资 | | 18 100 | 长期借款 | | 100 000 |
| 库存商品 | | 18 020 | 实收资本 | | 2 380 000 |
| 原材料 | | 35 550 | 资本公积 | | 434 000 |

（续表）

| 账户名称 | 借方金额 | | 账户名称 | 贷方金额 | |
|---|---|---|---|---|---|
| | 上年 | 本年 | | 上年 | 本年 |
| 周转材料 | | | 盈余公积 | | 20 680.49 |
| （其他投资） | | | 利润分配 | | |
| 固定资产 | | 800 000 | （未分配利润） | | 114 189.43 |
| 无形资产 | | 180 000 | 应付股利 | | 3 000 |
| | | | 累计折旧 | | 4 300 |
| 合　计 | | 3 429 010 | 合　计 | | 3 429 010 |

根据表 10.1 编制资产负债表，如表 10.2 所示。

表 10.2　　资产负债表

会企 01 表

编制单位：中东公司　　2014 年 12 月 31 日　　元



| 资　产 | 期末余额 | 年初余额 | 负债和所有者权益 | 期末余额 | 年初余额 |
|---|---|---|---|---|---|
| 流动资产： | | | 流动负债： | | |
| 货币资金 | 2 359 990 | | 短期借款 | 210 000 | |
| 交易性金融资产 | | | 交易性金融负债 | | |
| 应收票据 | | | 应付票据 | | |
| 应收账款 | | | 应付账款 | | |
| 预付账款 | | | 预收账款 | | |
| 应收利息 | | | 应付职工薪酬 | 7 140 | |
| 应收股利 | | | 应交税费 | 155 700.08 | |
| 其他应收款 | 17 350 | | 应付利息 | | |
| 存货 | 71 670 | | 应付股利 | 3 000 | |
| 一年内到期的非流动资产 | | | 其他应付款 | | |
| 其他流动资产 | | | 一年内到期的非流动负债 | | |
| 流动资产合计 | 2 449 010 | | 其他流动负债 | | |
| 非流动资产： | | | 流动负债合计 | 375 840.08 | |
| 可供出售金融资产 | | | 非流动负债： | | |
| 持有至到期投资 | | | 长期借款 | 100 000 | |
| 长期应收款 | | | 应付债券 | | |
| 长期股权投资 | | | 长期应付款 | | |
| 投资性房地产 | | | 专项应付款 | | |

（续表）

| 资　产 | 期末余额 | 年初余额 | 负债和所有者权益 | 期末余额 | 年初余额 |
|---|---|---|---|---|---|
| 固定资产 | 795 700 | | 预计负债 | | |
| 在建工程 | | | 递延所得税负债 | | |
| 工程物资 | | | 其他非流动负债 | | |
| 固定资产清理 | | | 非流动负债合计 | 100 000 | |
| 生产性生物资产 | | | 负债合计 | 475 840.08 | |
| 油气资产 | | | 所有者权益（或股东权益） | | |
| 无形资产 | 180 000 | | 实收资本（或股本） | 2 380 000 | |
| 开发支出 | | | 资本公积 | 434 000 | |
| 商誉 | | | 减：库存股 | | |
| 长期待摊费用 | | | 盈余公积 | 20 680.49 | |
| 其他非流动资产 | | | 未分配利润 | 114 189.43 | |
| 非流动资产总计 | 975 700 | | 所有者权益（或股东权益）合计 | 2 948 869.92 | |
| 资产总计 | 3 424 710 | | 负债和所有者权益（或股东权益）合计 | 3 424 710 | |

# 第三节　利 润 表

## 一、利润表的概念与作用

利润表是反映企业在一定会计期间的经营成果的财务报表。

利润表的主要作用有：反映一定会计期间收入的实现情况；反映一定会计期间的费用耗费情况；反映企业经济活动成果的实现情况，据以判断资本保值、增值等情况。

## 二、利润表的列示要求

利润表列示的基本要求如下。

① 企业在利润表中应当对费用按照功能分类，分为从事经营业务发生的成本、管理费用、销售费用和财务费用等。

② 利润表至少应当单独列示反映这些信息的项目，但其他会计准则另有规定的除外：营业收入；营业成本；营业税金及附加；管理费用；销售费用；财务费用；投资收益；公允价值变动损益；资产减值损失；非流动资产处置损益；所得税费用；净利润；其他综合收益各项目分别扣除所得税后的净额；综合收益总额。金融企业可以根据其特殊性列示利润表项目。

③ 其他综合收益项目应当根据其他相关会计准则的规定分为以后会计期间不能重分类进损益的其他综合收益项目和以后会计期间在满足规定条件时将重分类进损益的其他综合收益项目两类列报。

④ 在合并利润表中,企业应当在净利润项目之下单独列示归属于母公司所有者的损益和归属于少数股东的损益,在综合收益总额项目之下单独列示归属于母公司所有者的综合收益总额和归属于少数股东的综合收益总额。

## 三、我国企业利润表的一般格式

在我国,企业应当采用多步式利润表,将不同性质的收入和费用分别进行对比,以便得出一些中间性的利润数据,帮助使用者理解企业经营成果的不同来源。

利润表通常包括表头和表体两部分。表头应列明报表名称、编表单位名称、财务报表涵盖的会计期间和人民币金额单位等内容;利润表的表体,反映形成经营成果的各个项目和计算过程。我国企业利润表的格式一般如表 10.3 所示。

表 10.3　　利　润　表

会企:02 表

编制单位:　　年　月　　元

| 项　目 | 本期金额 | 上期金额 |
|---|---|---|
| 一、营业收入 | | |
| 减:营业成本 | | |
| 营业税金及附加 | | |
| 销售费用 | | |
| 管理费用 | | |
| 财务费用 | | |
| 资产减值损失 | | |
| 加:公允价值变动收益 | | |
| 其中:对联营企业和合营企业的投资收益 | | |
| 二、营业利润(亏损以“-”填列) | | |
| 加:营业外收入 | | |
| 减:营业外支出 | | |
| 其中:非流动资产处置损失 | | |
| 三、利润总额(亏损总额以“-”填列) | | |
| 减:所得税费用 | | |
| 四、净利润(净亏损以“-”填列) | | |
| 五、每股收益 | | |
| (一) 基本每股收益 | | |
| (二) 稀释每股收益 | | |

## 四、利润表编制的基本方法

### （一）“本期金额”栏的填列方法

“本期金额”栏根据“主营业务收入”、“主营业务成本”、“营业税金及附加”、“销售费用”、“管理费用”、“财务费用”、“资产减值损失”、“公允价值变动损益”、“投资收益”、“营业外收入”、“营业外支出”、“所得税费用”等账户的发生额分析填列。其中，“营业利润”、“利润总额”、“净利润”等根据该表中相关项目计算填列。

### （二）“上期金额”栏的填列方法

“上期金额”栏应根据上年该期利润表“本期金额”栏内所列数字填列。如果上年该期利润表规定的各个项目的名称和内容同本期不一致，应对上年该期利润表各项目的名称和数字按本期的规定进行调整，填入利润表“上期金额”栏内。

利润表各项目的内容与填列方法如下。

①“营业收入”项目，反映企业经营过程中取得的收入总额，应根据“主营业务收入”“其他业务收入”账户的发生额分析计算填列。

②“营业成本”项目，反映企业经营过程中产生的成本，应根据“主营业务成本”“其他业务成本”账户的发生额分析计算填列。

③“营业税金及附加”项目，反映企业销售商品、提供非工业性劳务等经营业务应负担的消费税、营业税、城市维护建设税、资源税和教育费附加，应根据“主营业务税金及附加”、“其他业务成本”账户的发生额分析计算填列。

④“销售费用”项目，反映企业在销售过程中发生的各项费用，应根据“销售费用”账户的发生额分析计算填列。

⑤“管理费用”项目，反映企业发生的管理费用，应根据“管理费用”账户的发生额分析填列。

⑥“财务费用”项目，反映企业发生的财务费用，应根据“财务费用”账户的发生额分析填列。

⑦“资产减值损失”项目，反映企业在经营过程中计提各项资产减值准备所形成的损失，应根据“资产减值损失”账户的发生额分析填列。

⑧“公允价值变动收益”项目，反映企业交易性金融资产等公允价值变动形成的应计入当期损益的利得（或损失），应根据“公允价值变动损益”账户的发生额分析填列，如为损失，以“－”表示。

⑨“营业利润”项目，反映企业经营业务所取得的利润，应根据“营业收入”项目减去“营业成本”、“营业税金及附加”、“销售费用 ”、“管理费用”、“财务费用”、“资产减值损失”项目，加上“公允价值变动收益”、“投资收益”项目计算填列。

⑩“营业外收入”项目和“营业外支出”项目，反映企业经营业务以外的收入和支出，应分别根据“营业外收入”和“营业外支出”账户的发生额分析填列。

⑪“利润总额”项目，反映企业实现的全部利润，应根据“营业利润”项目加上“营业外收入”减去“营业外支出”计算填列，如为亏损，以“－”表示。

⑫ “所得税费用”项目，反映企业从当年损益中扣除的应上缴的所得税费用，应根据“所得税费用”账户的发生额分析填列。

⑬ “净利润”项目，反映企业缴纳所得税后实现的净利润，应根据“利润总额”项目减去“所得税”项目填列，如为净亏损，用“-”表示。

中东公司年终各损益类账户的发生额整理后的资料如表 10.4 所示。

表 10.4　　12 月份损益类账户的发生额

元

| 账户名称 | 本月发生额 |
|---|---|
| 主营业务收入 | 220 000 |
| 主营业务成本 | 109 000 |
| 主营业务税金及附加 | 1 054 |
| 销售费用 | 3 000 |
| 管理费用 | 7 670 |
| 其他业务收入 | 60 000 |
| 其他业务成本 | 45 000 |
| 财务费用 | 4 500 |
| 投资收益 | 80 000 |
| 营业外收入 | 50 000 |
| 营业外支出 | 34 000 |
| 所得税费用 | 51 444 |



根据表 10.4 编制利润表，如表 10.5 所示。

表 10.5　　利润表

会企:02 表

编制单位:中东公司　　2014 年 12 月　　元

| 项　目 | 本期金额 | 上期金额 |
|---|---|---|
| 一、营业收入 | 280 000 | |
| 减:营业成本 | 154 000 | |
| 营业税金及附加 | 1 054 | |
| 销售费用 | 3 000 | |
| 管理费用 | 7 670 | |
| 财务费用 | 4 500 | |
| 资产减值损失 | | |
| 加:公允价值变动收益 | 80 000 | |
| 其中:对联营企业和合营企业的投资收益 | 80 000 | |

| 项　目 | 本期金额 | 上期金额 |
| --- | --- | --- |
| 二、营业利润(亏损以“-”填列) | 189 776 | |
| 加:营业外收入 | 50 000 | |
| 减:营业外支出 | 34 000 | |
| 其中:非流动资产处置损失 | | |
| 三、利润总额(亏损总额以“-”填列) | 205 776 | |
| 减:所得税费用 | 51 444 | |
| 四、净利润(净亏损以“-”填列) | 154 332 | |
| 五、每股收益 | | |
| (一) 基本每股收益 | | |
| (二) 稀释每股收益 | | |

## 课后训练

### 一、单选题

1. 利润表中,与计算“营业利润”有关的项目是(　　)。
   A. 投资收益　　B. 所得税费用　　C. 营业外收入　　D. 营业外支出
2. 资产负债表是指反映企业(　　)的财务状况的会计报表。
   A. 在某一会计期间　　B. 在某一特定日期
   C. 在一定时期内　　D. 在生产经营过程中
3. 我国企业的资产负债表采用(　　)格式。
   A. 账户式　　B. 数量金额式　　C. 报告式　　D. 多步式
4. 资产负债表中的资产项目是按(　　)的顺序排列的。
   A. 流动性大小　　B. 重要性程度　　C. 可比性高低　　D. 相关性大小
5. 净利润是从利润总额中减去(　　)后得出的。
   A. 营业外支出　　B. 利润分配额　　C. 管理费用　　D. 所得税费用

### 二、多选题

1. 利润表中的“营业收入”项目填列的依据有(　　　)。
   A. “主营业务收入”发生额　　B. “其他业务收入”发生额
   C. “营业外收入”发生额　　D. “投资收益”发生额
2. 属于资产负债表“流动资产”项目的有(　　　)。
   A. 应收账款　　B. 应付账款　　C. 预收账款　　D. 预付账款
3. 财务报表可以提供的信息有 (　　　)。
   A. 财务状况　　B. 经营成果　　C. 现金流量　　D. 劳动生产率
4. 财务报告的使用者主要是(　　　)。

A. 出资人　　B. 债权人　　C. 银行　　D. 税务机关

5. 资产负债表项目中，根据一个总账余额直接填列的有(　　)。

A. 短期借款　　B. 实收资本　　C. 货币资金　　D. 交易性金融资产

## 三、判断题

1. 财务报表分为年度财务报表和中期财务报表。中期财务报表一般包括月度报表、季度报表、半年度报表等。　　(　)

2. 利润表中"本期数"栏的数字，应根据各损益类账户的本期发生额填列。　　(　)

3. 资产负债表中"货币资金"项目，应根据"银行存款"账户的期末余额填列。　　(　)

4. 资产负债表是反映企业某一特定日期经营成果的静态会计报表。　　(　)

5. 我国企业利润表要求采用单步式。　　(　)

## 四、计算题

**目的**　掌握财务报表的编制。

**要求**

1. 编制中东公司 2014 年 6 月份的资产负债表。

2. 编制中东公司 2014 年 6 月份的利润表。

**资料**　中东公司 2014 年 6 月末账户试算平衡表如下。

**本期发生额及期末余额试算平衡表**

元

| 账户名称 | 期初余额 | | 本期发生额 | | 期末余额 | |
|---|---|---|---|---|---|---|
| | 借　方 | 贷　方 | 借　方 | 贷　方 | 借　方 | 贷　方 |
| 库存现金 | 890 | | 13 500 | 12 000 | 2 390 | |
| 银行存款 | 134 000 | | 345 600 | 315 000 | 164 600 | |
| 应收账款 | 116 800 | | 120 000 | 142 000 | 94 800 | |
| 在途物资 | | | 243 000 | 243 000 | | |
| 原材料 | 98 000 | | 243 000 | 118 000 | 223 000 | |
| 库存商品 | 79 000 | | 230 450 | 238 600 | 70 850 | |
| 生产成本 | 86 800 | | 230 450 | 230 450 | 86 800 | |
| 制造费用 | | | 23 450 | 23 450 | | |
| 固定资产 | 1 024 200 | | 126 500 | | 1 150 700 | |
| 累计折旧 | | 78 460 | | 11 240 | | 89 700 |
| 无形资产 | 13 000 | | | 2 300 | 10 700 | |
| 长期待摊费用 | 12 800 | | 2 100 | 3 750 | 11 150 | |
| 短期借款 | | 120 000 | | | | 120 000 |
| 应付账款 | | 147 080 | 98 000 | 128 600 | | 177 680 |
| 应付职工薪酬 | | | 101 460 | 101 460 | | |

（续表）

| 账户名称 | 期初余额 | | 本期发生额 | | 期末余额 | |
|---|---|---|---|---|---|---|
| | 借　方 | 贷　方 | 借　方 | 贷　方 | 借　方 | 贷　方 |
| 应交税费 | | 6 850 | | 85 592.70 | | 92 442.70 |
| 应付股利 | | 6 600 | | | | 6 600 |
| 实收资本 | | 1 160 000 | | | | 1 160 000 |
| 盈余公积 | | | | | | |
| 本年利润 | | | 556 932.70 | 679 000 | | 122 067.30 |
| 利润分配 | | 46 500 | | | | 46 500 |
| 主营业务收入 | | | 656 000 | 656 000 | | |
| 主营业务成本 | | | 238 600 | 238 600 | | |
| 销售费用 | | | 132 000 | 132 000 | | |
| 主营业务税金及附加 | | | 23 000 | 23 000 | | |
| 管理费用 | | | 89 650 | 89 650 | | |
| 营业外收入 | | | 23 000 | 23 000 | | |
| 营业外支出 | | | 13 560 | 13 560 | | |
| 所得税 | | | 34 122.50 | 34 122.50 | | |
| 资产减值损失 | | | 45 700 | 45 700 | | |
| 合　计 | 1 565 490 | 1 565 490 | 3 590 075.20 | 3 590 075.20 | 1 814 990 | 1 814 990 |

## 参考文献

[1] 中华人民共和国财政部．企业会计准则 2006[M].北京:经济科学出版社,2006.
[2] 财政部 2014 年会计从业资格考试大纲.

# 反侵权盗版声明



举报电话:(010)88254396;(010)88258888
传　　真:(010)88254397
E-mail　:dbqq@phei.com.cn
通信地址: 北京市万寿路173信箱
　　　　　电子工业出版社总编办公室
邮　　编: 100036

尊敬的老师：

您好。

请您认真、完全地填写以下表格的内容(务必填写每一项)，索取相关图书的教学资源。

## 教学资源索取表

<table>
<tr><td>书　名</td><td colspan="3"></td><td>作 者 名</td><td></td></tr>
<tr><td>姓　名</td><td></td><td>所在学校</td><td colspan="3"></td></tr>
<tr><td>职　称</td><td></td><td>职　　务</td><td></td><td>讲授课程</td><td></td></tr>
<tr><td>联系方式</td><td colspan="5">电话：　　　　　　　　　　E-mail：</td></tr>
<tr><td>地址(含邮编)</td><td colspan="5"></td></tr>
<tr><td>贵校已购本教材的数量(本)</td><td colspan="5"></td></tr>
<tr><td>所需教学资源</td><td colspan="5"></td></tr>
<tr><td>系／院主任姓名</td><td colspan="5"></td></tr>
</table>

系／院主任：＿＿＿＿＿＿＿＿＿＿(签字)

**(系／院办公室公章)**

20＿＿＿年＿＿月＿＿日

**注意：**

① 本配套教学资源仅向购买了相关教材的学校老师免费提供。

② 请任课老师认真填写以上信息，并**请系／院加盖公章**，然后传真到(010)80115555转718438上索取配套教学资源。也可将加盖公章的文件扫描后，发送到fservice@126.com上索取教学资源。

電子工業出版社
PUBLISHING HOUSE OF ELECTRONICS INDUSTRY